本書の特色と使い方

JN094468

全て印刷・コピーして学校で使えます。

児童が書きやすい B4 か A3 に拡大コピーしてお使いください。

本書で適切な評価ができます。

各社の教科書を徹底研究して，観点別のテストを作成しました。
各学年・各単元で必要な基礎基本を評価するのに役立ちます。

どの単元も観点別評価ができます。（一部単元を除く）

どの単元でも「知識・技能」と「思考・判断・表現」の 2 つの観点で評価できます。2 つの観点ともに対等な点数配分（100 点満点）で構成しているため，観点別の評価が適切にできます。

選べるA・B　2タイプの評価テスト（一部単元を除く）

A では基礎基本の定着をねらいとした問題構成に，B では一層の学習内容の定着をねらいとして発展的内容も加え，問題数を多くした構成にしています。
児童の実態や単元の重要度に応じて，選んで使用できます。

テストの前にも使えます。

市販のテストを使用される学級でも，本書を活用して単元のまとめができます。市販のテストの前に本書のテストを活用することで，確実な学力がつきます。

学習準備プリントで既習内容の確認ができます。

新たな単元を学習する上で必要な基礎基本を振り返り，内容の定着を確かめることができます。児童の学習の準備とともに，学習計画を立てる上でも役立てることができます。

4年　目次

大きい数

名前

1 □にあてはまる数を書きましょう。(5×4)

(1) 732659の一万の位《くらい》の数は□です。

(2) 100万を2こ，10万を8こ，1000を3こ合わせた数は□です。

(3) 540万は，1万を□こ集めた数です。

(4) 276万は，1000を□こ集めた数です。

2 次の数を書きましょう。(5×4)

(1) 百三十五万六千五百十八

(2) 四百二万七千

(3) 十万を5こ，一万を9こ，1000を6こ合わせた数

(4) 1万を301こ集めた数

3 □にあてはまる不等号を書きましょう。(5×2)

(1) 281000 □ 279786

(2) 498999 □ 499888

4 次の数直線の□にあてはまる数を書きましょう。(5×4)

(1)

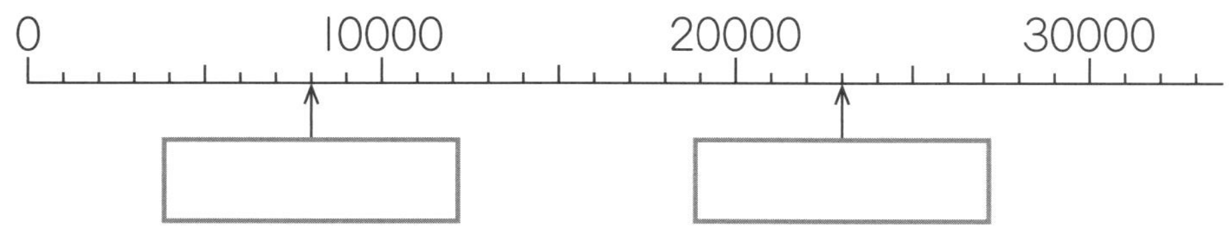

(2)

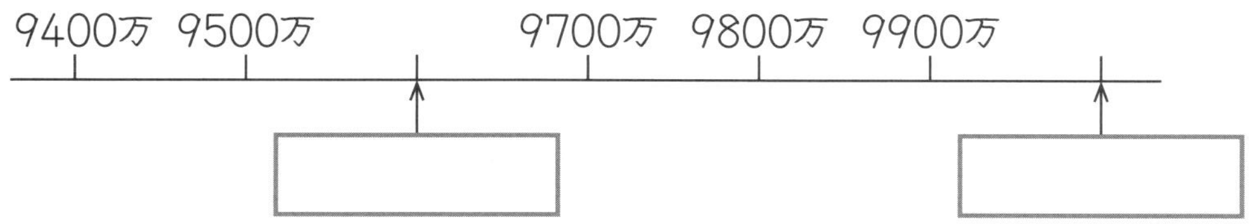

5 次の計算を筆算でしましょう。(10×3)

(1) 43 × 78

(2) 86 × 75

(3) 328 × 63

(A3 141%・B4 122%拡大)

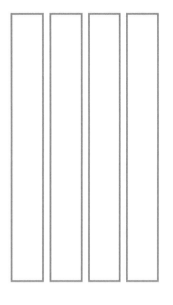

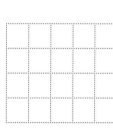

知識技能 A

月　日

大きい数

名前

1　次の数について答えましょう。(5 × 4)

7513682000000
（↑あ　↑い）

(1)　あといは，何の位《くらい》の数ですか。

あ

い

(2)　1 兆《ちょう》の位の数は，何ですか。

(3)　8 は，何が 8 こあることを表していますか。

2　次の数を数字で書きましょう。(5 × 4)

(1)　五千八百三十二億《おく》千七百十九万

(2)　二兆四千六百億

(3)　1 兆を 8 こと，1 億を 5 こ合わせた数

(4)　1 億を 690 こ集めた数

3　下の数直線の，アとイにあたる数を書きましょう。(5 × 2)

(1)
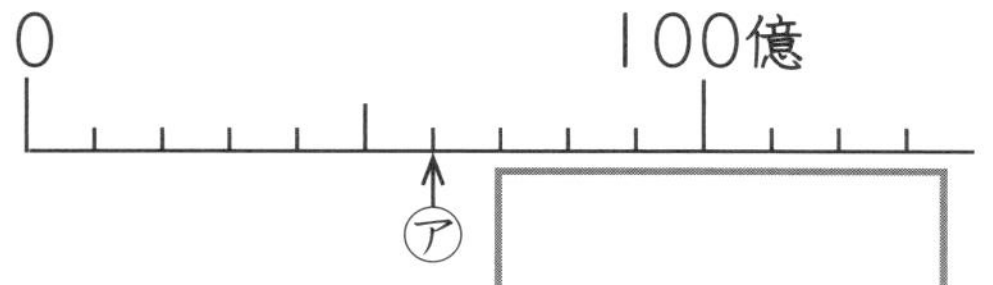

(2)
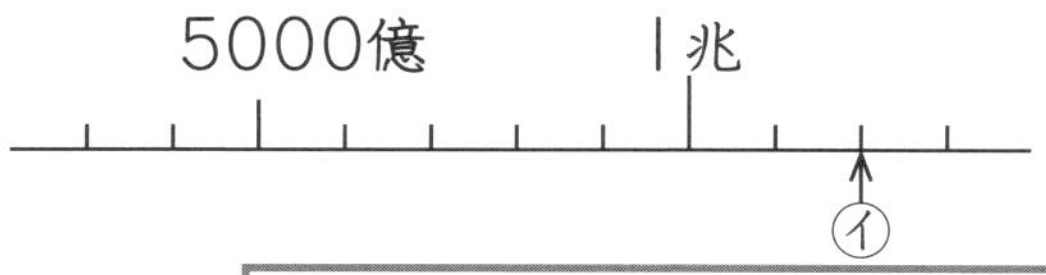

4　次の数を 10 倍，100 倍した数を書きましょう。(5 × 2)

700 億　10 倍

100 倍

5　次の数を 10 でわった数を書きましょう。(5 × 2)

(1)　40 億

(2)　6 兆

6　次の計算を筆算でしましょう。(5 × 4)

(1) 248 × 513

(2) 840 × 256

(3) 607 × 639

(4) 786 × 605

7　42 × 76 = 3192 を使って，次の計算をしましょう。(5 × 2)

(1)　42 万 × 76

(2)　42 万 × 76 万

(A3 141%・B4 122%拡大)

月　日

大きい数

名前

1　次の数について答えましょう。(10×4)

3600000000000

(1)　1000億《おく》を何こ集めた数ですか。

□ こ

(2)　1兆《ちょう》と1億を，それぞれ何こ合わせた数ですか。

1兆を □ こと1億を □ こ

(3)　36000000000を何倍した数ですか。

□ 倍

(4)　36000000000000を何分の1にした数ですか。

□ 分の1

2　下の数字カード10まいを1回ずつ使って，(1)と(2)の10けたの数を作りましょう。(10×2)

0 1 2 3 4 5 6 7 8 9

(1)　いちばん大きな数

□□□□□□□□□□

(2)　いちばん小さな数

□□□□□□□□□□

3　1こ684gのおかしを280こ運びます。おかしは全部で，どれだけの重さになりますか。(10×2)

式

答え

4　下の筆算は，まちがっています。まちがっている所を説明《せつめい》しているのは，ア，イ，ウのどれですか。
1つ選《えら》んで記号を □ に書き，正しい筆算をしましょう。(10×2)

```
   432
 × 807
  3024
 3456
 37584
```

ア　432×7の答えを書く位置がちがっている。

イ　432×0の計算を書いていない。

ウ　432×8の答えを書く位置がちがっている。

□

正しい筆算

(A3 141%・B4 122%拡大)

月　日

大きい数

名前

1 次の数について答えましょう。(4 × 4)

759368200000000
（↑あ は 7、↑い は 2 の下）

(1) あといは，何の位《くらい》の数ですか。

あ ＿＿＿　い ＿＿＿

(2) 1兆《ちょう》の位の数は，何ですか。

(3) 3は，何が3こあることを表していますか。

2 次の数を数字で書きましょう。(4 × 5)

(1) 四十九兆六千三十二億《おく》千百万

(2) 三百七兆百八億

(3) 1兆を4こと，1億を308こ合わせた数

(4) 1兆を23こと，10億を7こ合わせた数

(5) 1億を540こ集めた数

3 下の数直線の，ア～エにあたる数を書きましょう。(4 × 4)

(1)
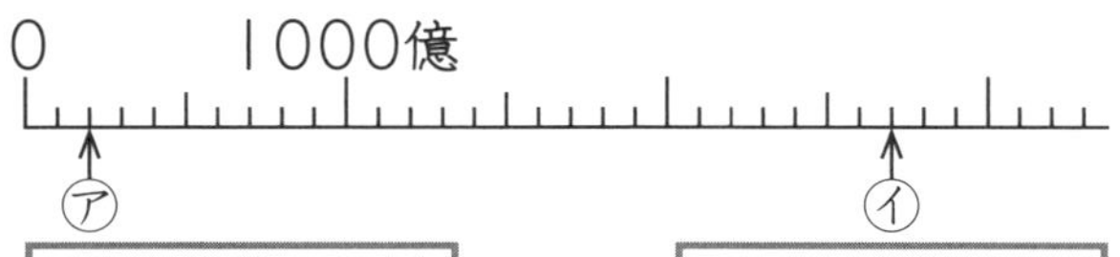

(2)

4 次の数を書きましょう。(4 × 6)

(1) 7000万を10倍した数

(2) 640億を10倍した数

(3) 780億を100倍した数

(4) 2300億を10でわった数

(5) 2兆を10でわった数

(6) 32億を10でわった数

5 次の計算を筆算でしましょう。(4 × 2)

(1) 765 × 482　(2) 476 × 805

6 78 × 96 = 7488 を使って，次の計算をしましょう。(4 × 4)

(1) 7800 × 9600

(2) 78万 × 96

(3) 78 × 96万

(4) 78万 × 96万

(A3 141%・B4 122%拡大)

大きい数

名前

1 下の数字カード 10 まいを 1 回ずつ使って，(1)〜(8)の 10 けたの数を作りましょう。(5 × 8)

0 1 2 3 4 5 6 7 8 9

(1) いちばん大きい数

(2) 2 番目に大きい数

(3) いちばん小さい数

(4) 2 番目に小さい数

(5) 50 億《おく》より小さくて，50 億にいちばん近い数

(6) 50 億より大きくて，50 億にいちばん近い数

(7) 35 億より大きくて，35 億にいちばん近い数

(8) 35 億より小さくて，35 億にいちばん近い数

2 □にあてはまる数を書きましょう。(5 × 2)

(1) 97789286599<9□275000000

(2) 899298712000>899□99960000

3 1 こ 895 円のケーキが 273 こ売れました。売上はいくらになりますか。(5 × 2)

式

答え

4 350mL のジュースが 468 本できました。全部で何 mL になりますか。
また，それは何 L 何 mL ですか。(5 × 3)

式

答え　　mL

L　　mL

5 下の筆算は正しくできていますか。正しければ○を，まちがっていたら×を，□ に書きましょう。
また，どこがまちがっているのかを書きましょう。(5 × 5)

(1)
```
   567
  ×403
  1701
 2268
 24381
```

(2)
```
    876
   ×697
   6132
  7884
 5256
 610572
```

(3)
```
    678
   ×587
   4746
  5424
 3340
 392986
```

月　日

折れ線グラフ

名前

① 右のグラフを見て答えましょう。

(1) 右のようなグラフを何といいますか。(10)

(2) 何について調べたグラフですか。(10)

(3) 1めもりは何度を表していますか。(5)

度

(4) 次の月の気温は，何度ですか。(5×4)

3月　　度　6月　　度

9月　　度　12月　　度

(5) いちばん気温が高いのは，何月で何度ですか。(5)

月　　度

(6) いちばん気温が低いのは，何月で何度ですか。(5)

月　　度

(7) 4月と5月の気温差は，何度ですか。(5)

度

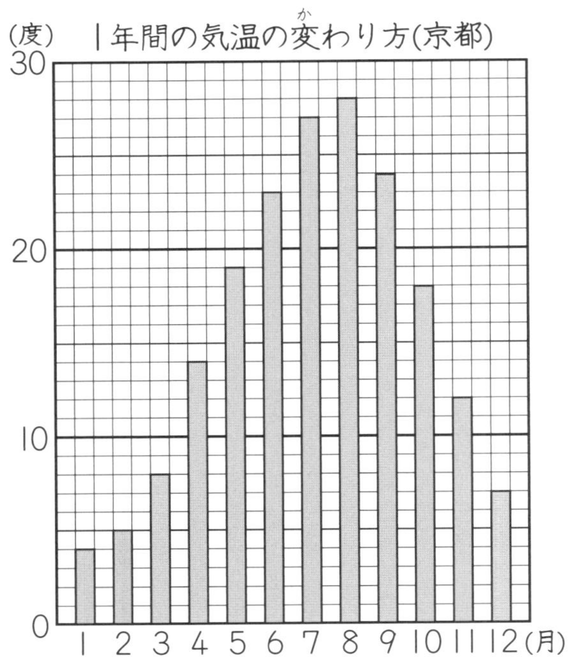

② 右のグラフを見て答えましょう。

(1) 1めもりは何人を表していますか。(5)

人

(2) 次の月の欠席者数は，何人ですか。(5×4)

4月　　人　5月　　人

6月　　人　7月　　人

(3) いちばん多いのは，何月で何人ですか。(5)

月　　人

(4) 2番目に多いのは，何月で何人ですか。(5)

月　　人

(5) 1月と3月では，どちらが何人多いですか。(5)

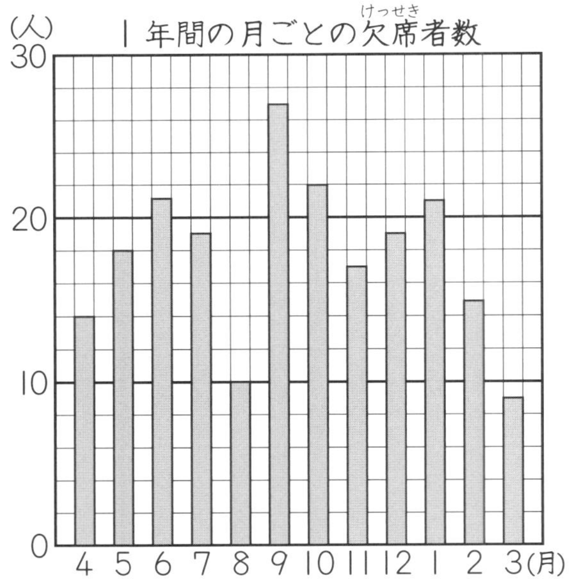

　　　　月　　日

折れ線グラフ

名前

1　下の折《お》れ線グラフを見て答えましょう。

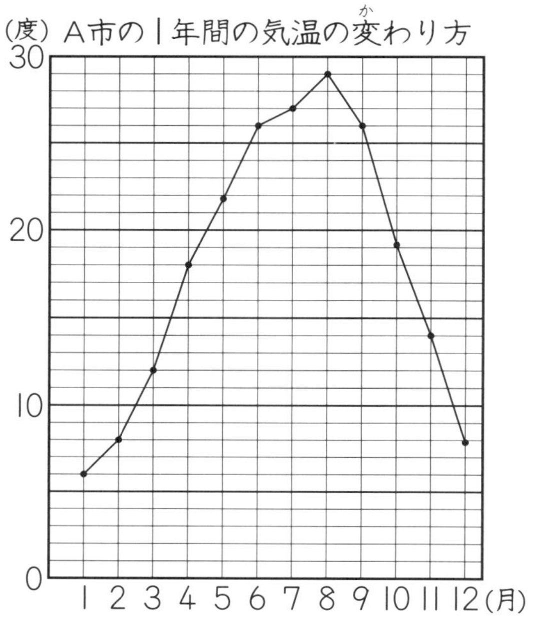

(1)　グラフのたてのじくと横のじくは，それぞれ何を表していますか。(5×2)

たてのじく

横のじく

(2)　2月と9月の気温は，何度ですか。(5×2)

2月　　度　　9月　　度

(3)　気温がいちばん高いのは，何月の何度ですか。(5)

月　　度

(4)　気温がいちばん低いのは，何月の何度ですか。(5)

月　　度

(5)　気温の上がり方がいちばん大きいのは，何月から何月ですか。また，何度上がっていますか。(5×2)

月から　　月

度

2　右の表は1日の気温の変わり方を表にしたものです。折れ線グラフに表しましょう。

(グラフ様式10目盛4×5)

1日の気温

時こく(時)	気温(度)
午前 10	16
11	21
午後 0	23
1	27
2	22

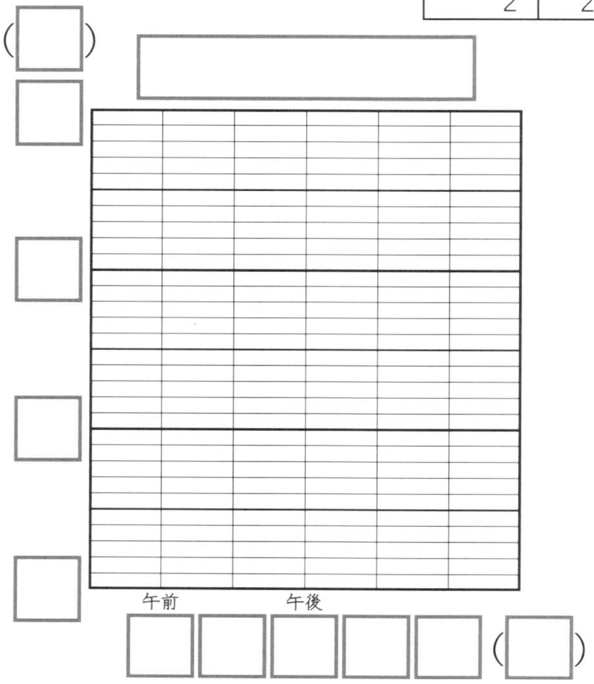

3　りょうたさんの身長の変わり方を，折れ線グラフに表しましょう。

(グラフ様式10目盛4×5)

りょうたさんの身長

年れい(さい)	身長(cm)
6	116
7	120
8	125
9	131
10	139

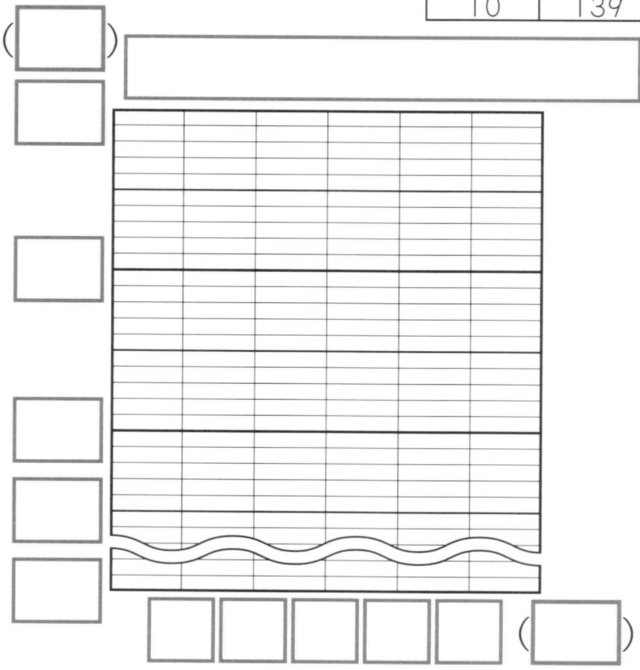

(A3 141%・B4 122%拡大)

折れ線グラフ

名前

1　折《お》れ線グラフに表すとよいものを，下のア～カから３つ選《えら》んで，□に記号を書きましょう。(10 × 3)

ア　2020年の都道府県《とどうふけん》の人口

イ　午前８時から午後３時までの教室の気温の変《か》わり方

ウ　学校の前を通った自動車の種類《しゅるい》と台数

エ　20年間の気温の変わり方

オ　ほ健《けん》室を利用した学年ごとの人数

カ　かぜをひいたときの１時間おきの体温

□　□　□

2　下のAとBの２つのグラフは，どちらもしょうさんの身長の変わり方を表しています。(10 × 2)

A

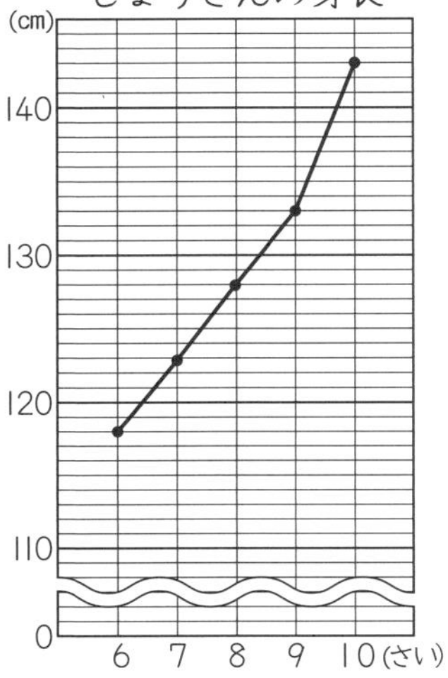

B

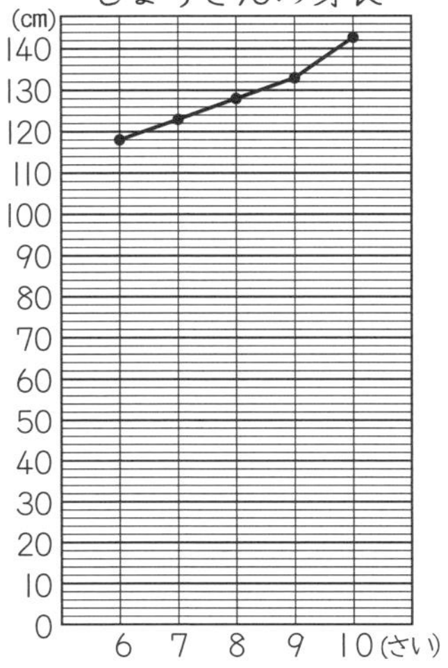

(1)　〰の印《しるし》は，何のために使われていますか。

(2)　〰の印を使うと，たてじくの１めもりのはばはどのようになりますか。

3　①～④の折れ線グラフは，気温の変わり方を表しています。(　)に合う記号を，下から選んで書きましょう。(5 × 4)

①(　　)　②(　　)　③(　　)　④(　　)

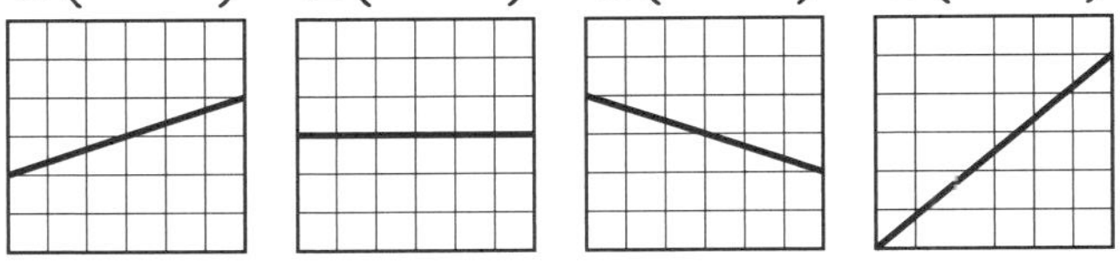

ア　気温が大きく上がっている。

イ　気温が少し下がっている。

ウ　気温が少し上がっている。

エ　気温が変わらない。

4　下のグラフは，A市の１年間の気温の変わり方と，雨がふった量《りょう》を表したものです。(0 × 3)

A市の１年間の気温の変わり方と雨がふった量

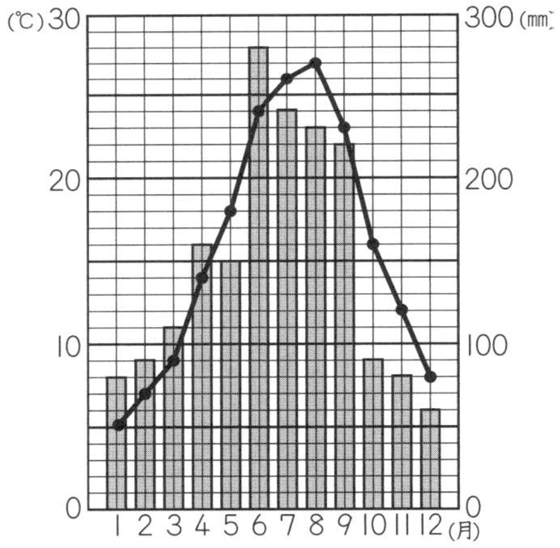

(1)　雨がふった量が200mmより多いのは，何月から何月までですか。

□月から□月

(2)　気温が20度をこえているのは，何月から何月までですか。

□月から□月

(3)　気温が７度下がっているのは，何月と何月の間ですか。

□月と□月の間

(A3 141%・B4 122%拡大)

知識技能 B　　　　月　　日

折れ線グラフ

名前

1 下の折《お》れ線グラフを見て答えましょう。

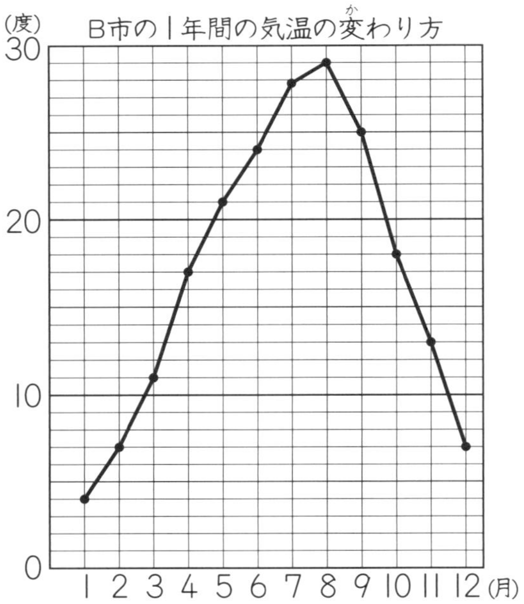

(1) グラフのたてのじくと横のじくは，それぞれ何を表していますか。(4 × 2)

たてのじく □　横のじく □

(2) 2月，6月，9月の気温は，何度ですか。(4 × 3)

2月 □ 度　6月 □ 度

9月 □ 度

(3) 気温がいちばん高いのは，何月の何度ですか。(4)

□ 月 □ 度

(4) 気温がいちばん低いのは，何月の何度ですか。(4)

□ 月 □ 度

(5) 気温の上がり方がいちばん大きいのは何月から何月で，何度上がっていますか。(4)

□ 月から □ 月で □ 度

(6) 気温の下がり方がいちばん大きいのは何月から何月で，何度下がっていますか。(4)

□ 月から □ 月で □ 度

2 右の表は，校庭の1日の気温の変わり方です。折れ線グラフに表しましょう。

(グラフ様式6目盛4 × 7)

校庭の1日の気温の変わり方

時こく(時)		気温(度)
午前	9	12
	10	24
	11	30
午後	0	34
	1	32
	2	28
	3	19

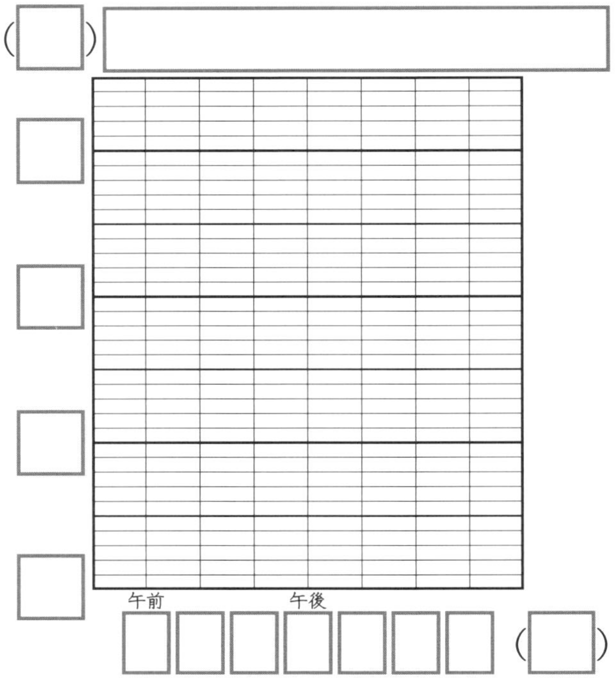

3 ひまわりの高さを，1週間ごとに記録《ろく》しました。折れ線グラフに表しましょう。

(グラフ様式6目盛4 × 6)

ひまわりの高さ

週目(週)	高さ(cm)
1	92
2	104
3	118
4	121
5	128
6	137

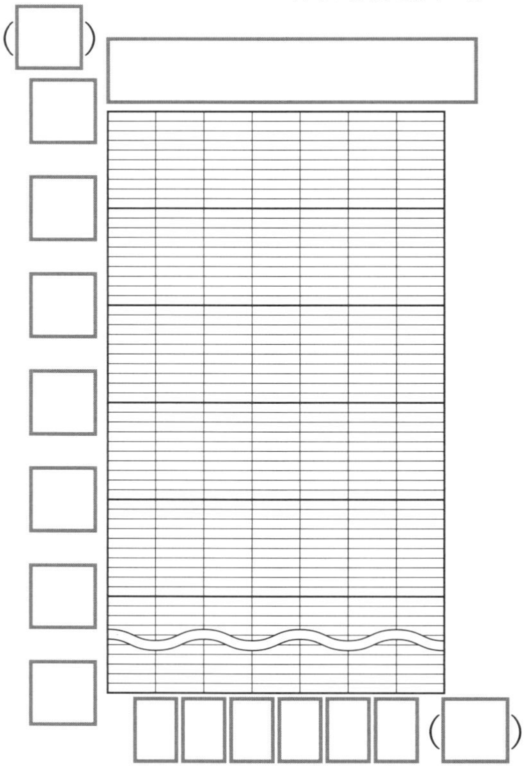

(A3 141%・B4 122%拡大)

月　日

折れ線グラフ

名前

[1] ①〜⑤の折《お》れ線グラフは，気温の変《か》わり方を表しています。(　　)に合う記号を，下から選《えら》んで書きましょう。(5 × 5)

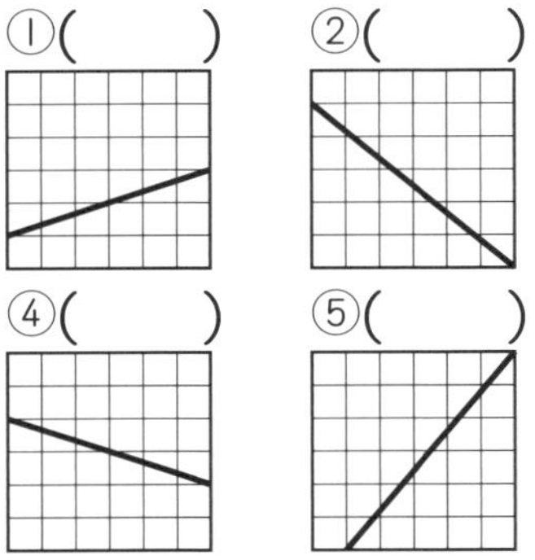

ア　気温が大きく上がっている。
イ　気温が少し下がっている。
ウ　気温が少し上がっている。
エ　気温が変わらない。
オ　気温が大きく下がっている。

[2] 大阪《おおさか》(日本)とサンパウロ(ブラジル)の１年間の気温の変わり方を，折れ線グラフにしました。(10 × 3)

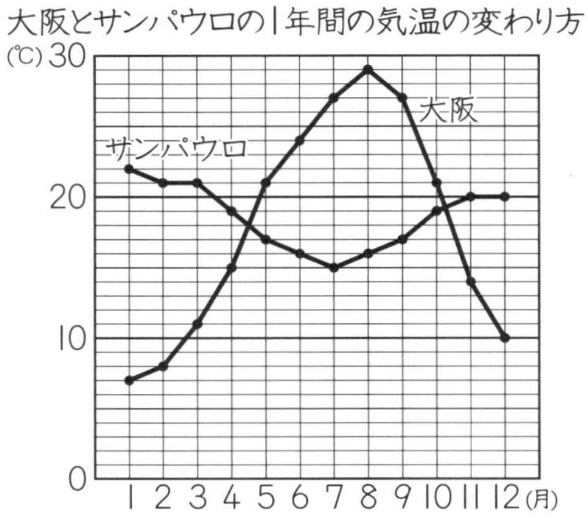

(1) 大阪とサンパウロで，いちばん気温の差《さ》があるのは何月で何度ですか。

□ 月で □ 度

(2) それぞれの都市でいちばん気温の高い月といちばん低い月との差は，何度ですか。

大阪 □ 度　サンパウロ □ 度

(3) 気温の変わりが大きいのは，大阪とサンパウロのどちらですか。

□

[3] 折れ線グラフに表すとよいものを，ア〜カから３つ選んで，記号を書きましょう。(5 × 3)

ア　地いきの児《じ》童数
イ　午前８時から午後３時までの気温の変わり方
ウ　ある市の１０年間の人口の変わり方
エ　学校でしたけがの種類《しゅるい》と人数
オ　図書室で本を借りた１〜６年生の人数
カ　かぜをひいたときの２時間おきの体温

□ □ □

[4] 下のグラフは，Ａ市の気温の変わり方と，熱中《ねっちゅう》しょうになって，きゅう急車で病院に運ばれた人数を表しています。

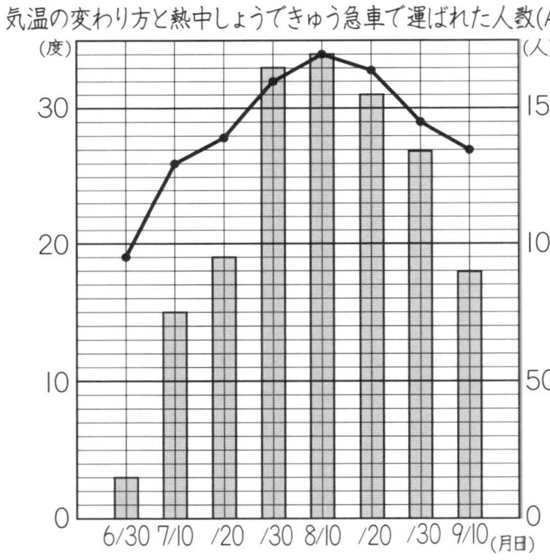

(1) 次の日の気温と，運ばれた人数を書きましょう。(5 × 3)

７月１０日 □ 度 □ 人
８月１０日 □ 度 □ 人
９月１０日 □ 度 □ 人

(2) 気温の上がり方が大きいのは，いつからいつで，運ばれた人は何人ふえていますか。(5 × 3)

□ 月 □ 日から
□ 月 □ 日 □ 人

(A3 141%・B4 122%拡大)

月　日

わり算の筆算(1)

名前

1　計算をしましょう。(5 × 12)

(1) 7 ÷ 2	(2) 16 ÷ 4	(3) 42 ÷ 7
(4) 39 ÷ 5	(5) 50 ÷ 6	(6) 74 ÷ 8
(7) 8 ÷ 1	(8) 0 ÷ 2	(9) 6 ÷ 7
(10) 60 ÷ 3	(11) 50 ÷ 5	(12) 24 ÷ 2

2　次の計算の答えのたしかめをしましょう。(5 × 2)

(1) 33 ÷ 7 = 4 あまり 5

7 × □ + □ = □

(2) 52 ÷ 9 = 5 あまり 7

□

3　えんぴつ 40 本を，9 人で同じ本数ずつ分けます。
1 人あたり何本ずつで，何本あまりますか。(5 × 2)

式

答え

4　荷物を一回に 4 こずつ運べます。
31 この荷物を全部運ぶには，何回運べばいいですか。(5 × 2)

式

答え

5　折《お》り紙が 60 まいあります。
6 人に配ると，1 人あたり何まいになりますか。(5 × 2)

式

答え

(A3 141%・B4 122%拡大)

知識技能 A　　　　月　　日

わり算の筆算(1)

名前

1　74 ÷ 3 の筆算を説明《せつめい》します。□ にあてはまる言葉や数を，下から選《えら》んで書きましょう。(5 × 6)

(1)　十の位《くらい》の計算

7 ÷ 3 をします。

① □ の位に 2 を □

② 3 と 2 を □ と 6

③ 7 から 6 を □ と 1

$$\begin{array}{r} 2 \\ 3\overline{)73} \\ \underline{6} \\ 1 \end{array}$$

(2)　一の位の計算

3 をおろします。

13 ÷ 3 をします。

① □ の位に 4 を □

② 3 と 4 を □ と 12

③ 13 から 12 を □ と 1

$$\begin{array}{r} 24 \\ 3\overline{)73} \\ \underline{6} \\ 13 \\ \underline{12} \\ 1 \end{array}$$

商は 24，あまり 1 です。

ひく・たてる・かける・一・十

2　次のわり算の商は，何の位からたちますか。(5 × 3)

(1)　$6\overline{)84}$　□ の位

(2)　$3\overline{)427}$　□ の位

(3)　$8\overline{)218}$　□ の位

3　下のわり算のけん算の式を書きましょう。(5)

67 ÷ 5 = 13 あまり 2

5 × □ + □ = □

4　次の計算をしましょう。(5 × 10)

(1)　85 ÷ 3　　(2)　97 ÷ 8

(3)　77 ÷ 5　　(4)　89 ÷ 4

(5)　624 ÷ 4　　(6)　905 ÷ 3

(7)　371 ÷ 6　　(8)　727 ÷ 9

(9)　120 ÷ 4　　(10)　3000 ÷ 6

(A3 141%・B4 122%拡大)

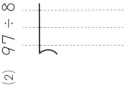

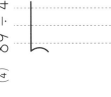

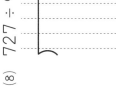

思考判断表現 A

月　日

わり算の筆算(1)

名前

1　下の計算で，商が十の位《くらい》からたつのは，□の中がどんな数のときですか。(10×2)

(1)　3)□85　□　□

(2)　□)729　□　□

2　色紙が 89 まいあります。7人に同じまい数ずつ分けると，1人分は何まいになりますか。また，あまりは何まいですか。(10×2)

式

答え

3　396m のロープを，8m ずつに切ります。8m のロープは何本できますか。また，あまりは何 m ですか。(10×2)

式

答え

4　286 ページの本を読みます。1日に9ページずつ読むと，何日で読み終わりますか。(10×2)

式

答え

5　下の3つの筆算のうち，2つの筆算はまちがっています。まちがっている筆算には，その理由を下から選《えら》んで □ に記号を書き，正しい筆算をしましょう。(10×2)

(1)
```
   318
3)954
  9
   5
   3
   24
   24
    0
```
□

(2)
```
   24
4)816
  8
   16
   16
    0
```
□

(3)
```
   42
8)302
  32
   22
   16
    6
```
□

ア　十の位の商にたてる数をまちがっているから。
イ　十の位の商をたてていないから。
ウ　一の位の商をたてていないから。

(A3 141%・B4 122%拡大)

月　日

わり算の筆算(1)

名前

1 83 ÷ 3の筆算を説明《せつめい》します。□にあてはまる数を書きましょう。(4 × 6)

(1) 十の位《くらい》の計算

8 ÷ 3をします。

① 十の位に□をたてる。

② 3と□をかける。

③ 8から□をひく。

```
  2
3)83
  6
  2
```

(2) 一の位の計算

3をおろして□÷ 3をします。

① 一の位に□をたてる。

② 3と□をかける。

③ 23から21をひく。

商は27あまり2です。

```
  27
3)83
  6
  23
  21
   2
```

2 次のわり算をして，けん算をしましょう。(4 × 4)

(1) 94 ÷ 7

けん算

(2) 518 ÷ 8

けん算

3 次の計算をしましょう。(4 × 12)

(1) 96÷8　(2) 86÷6　(3) 81÷4

(4) 978÷6　(5) 703÷3　(6) 819÷4

(7) 381÷6　(8) 751÷5　(9) 495÷7

(10) 507÷8　(11) 270÷3　(12) 2800÷4

4 次の計算はまちがっています。正しい答えを□に書きましょう。(4 × 3)

(1)
```
  13
6)85
  6
  25
  18
   7
```

(2)
```
  2
4)83
  8
   3
```

(3)
```
  28
3)624
  6
   24
   24
    0
```


(A3 141%・B4 122%拡大)

わり算の筆算(1)

名前

1　□にあてはまる数をすべて書きましょう。(5×4)

(1)　商が百の位からたつのは，□がどんな数の場合ですか。

7)□14　□

□)376　□

(2)　商が十の位からたつのは，□がどんな数の場合ですか。

4)□92　□

□)656　□

2　えんぴつ７本を595円で買いました。えんぴつ１本は，何円ですか。(5×2)

式

答え

3　もも250こを，６こずつ箱に入れていきます。６こ入った箱は，何箱できますか。(5×2)

式

答え

4　１年間の365日は何週間と何日ですか。(5×2)

式

答え

5　赤ちゃんの体重は4kgです。168kgのおすもうさんの体重は，赤ちゃんの体重の何倍ですか。(5×2)

式

答え

6　長いす１きゃくに，３人ずつにすわります。494人がすわるには，長いすは何きゃく必要ですか。(5×2)

式

答え

7　下の４つの筆算のうち，３つの筆算はまちがっています。まちがっている筆算には，その理由を下から選んで□に記号を書き，正しい筆算をしましょう。(10×3)

(1)
206
4)824
8
24
24
0
□

(2)
67
7)477
42
57
49
8
□

(3)
36
3)918
9
18
18
0
□

(4)
8
9)724
72
4
□

ア　あまりがわる数よりも大きいから。
イ　百の位から商をたてていないから。
ウ　十の位の商をたてていないから。
エ　一の位の商をたてていないから。

(A3 141%・B4 122%拡大)

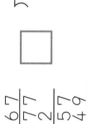

月　日

角の大きさ

名前

1 角の大きい順に記号を書きましょう。(10×4)

(1)
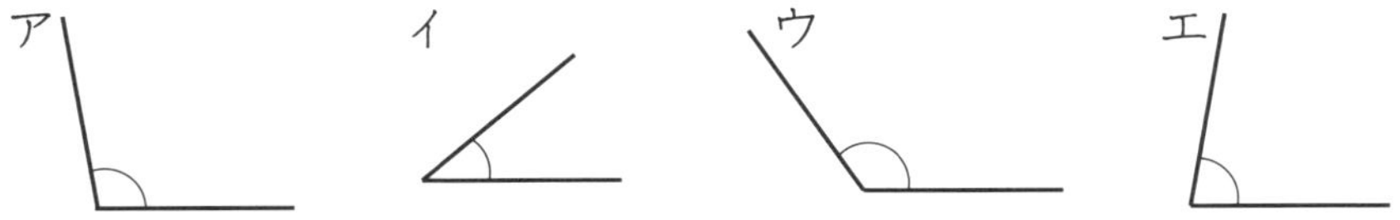

□→□→□→□

(2)
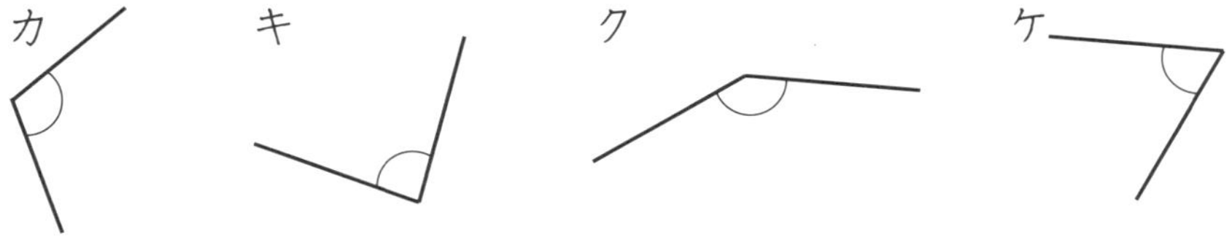

□→□→□→□

(3)
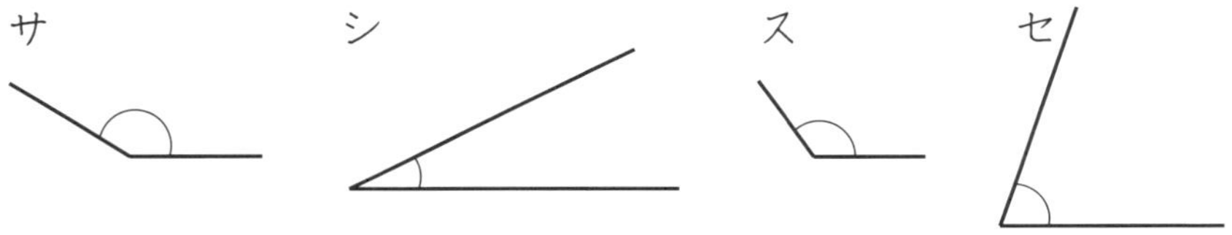

□→□→□→□

(4)
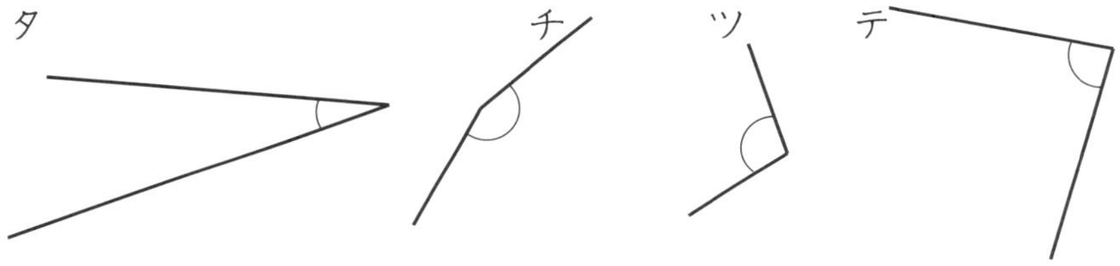

□→□→□→□

2 次の角の中から直角を選んで □ に記号を書きましょう。(10×4)

(1)
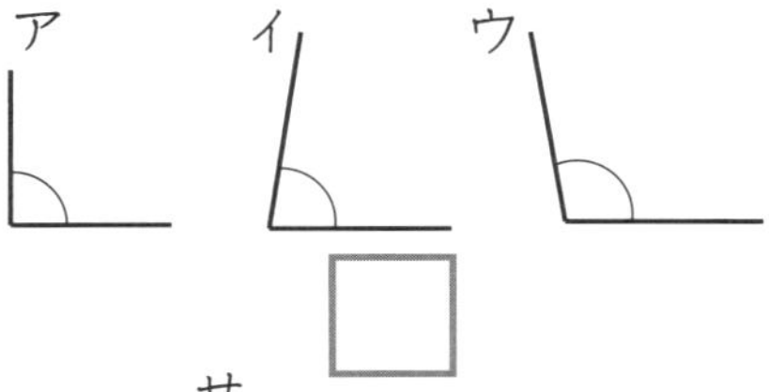

(2)
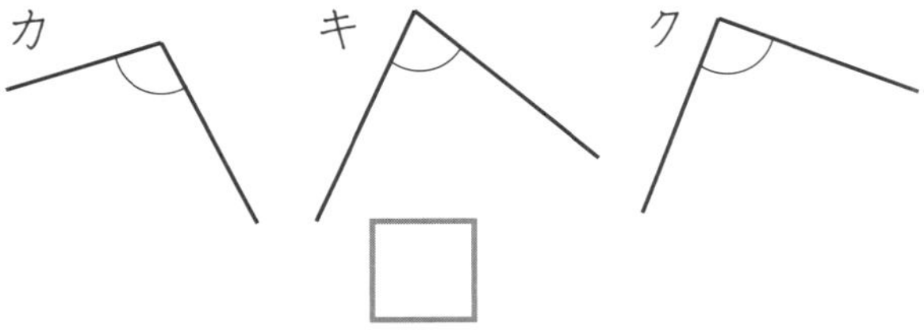

(3)
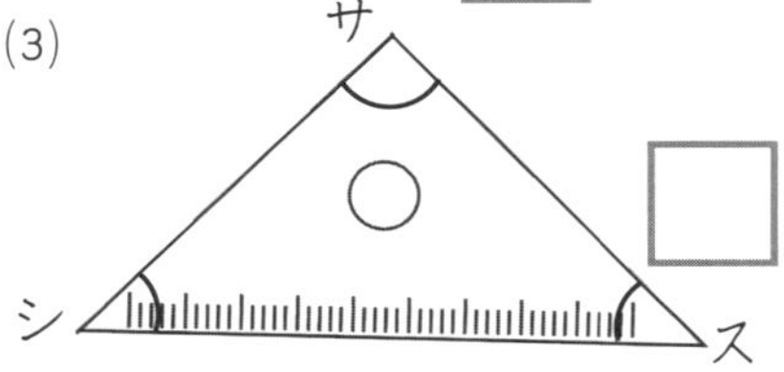

(4)
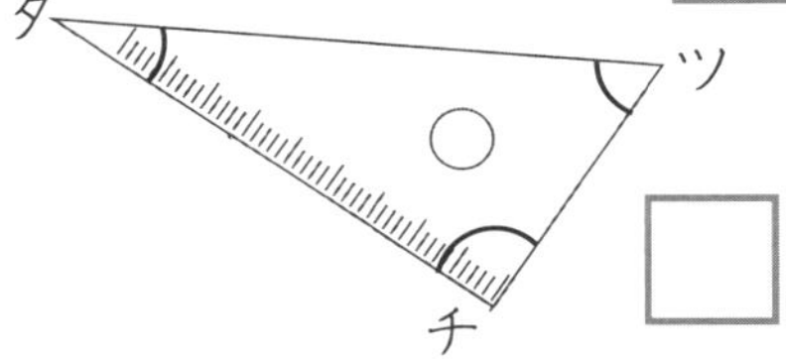

3 アとイを何といいますか。(　　)に書きましょう。(10×2)

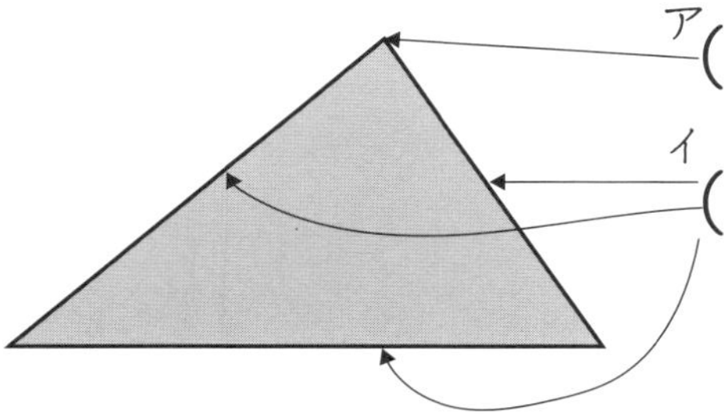

ア(　　　　)

イ(　　　　)

(A3 141%・B4 122%拡大)

知識技能A　　　　月　　日

角の大きさ

名前

1　□にあてはまる数を書きましょう。（5 × 3）

(1) 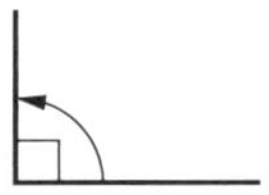 1直角は□度です。

(2)  2直角は□度です。

(3) 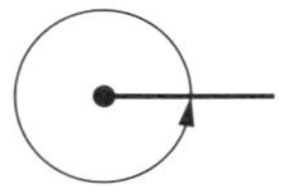 1回転の角度は4直角で□度です。

2　アとイの角度は何度ですか。（5 × 2）

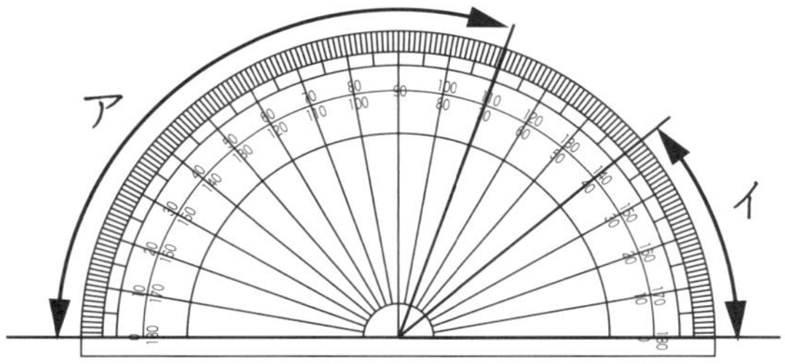

ア□　イ□

3　三角じょうぎの角の大きさを書きましょう。（5 × 4）

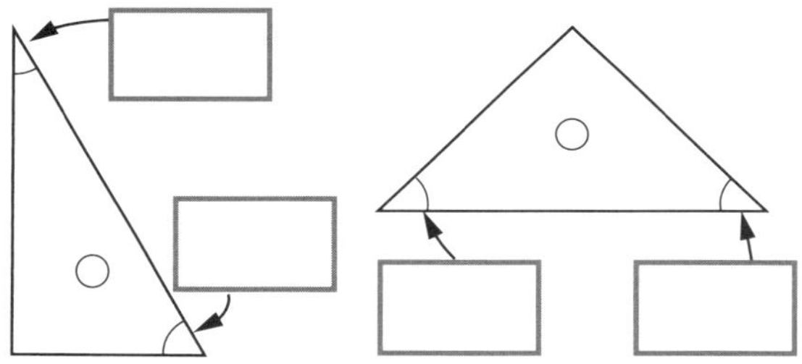

4　㋐㋑の角度は，それぞれ何度ですか。（5 × 2）

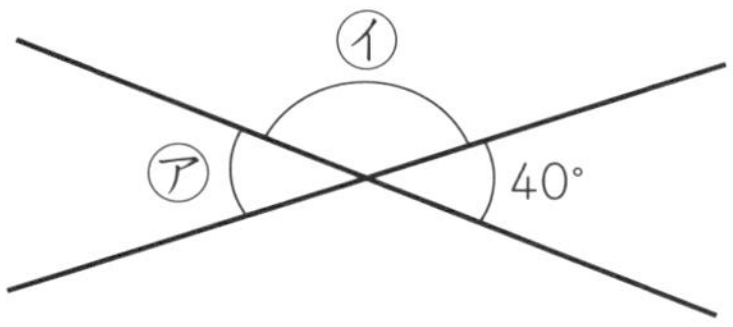

㋐□　㋑□

5　角の大きさを分度器《ぶんどき》ではかりましょう。（5 × 4）

(1) 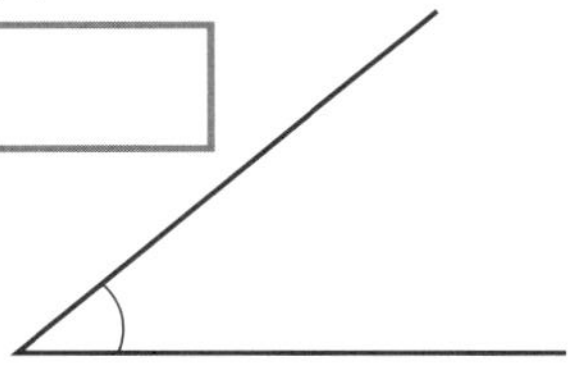

(2) 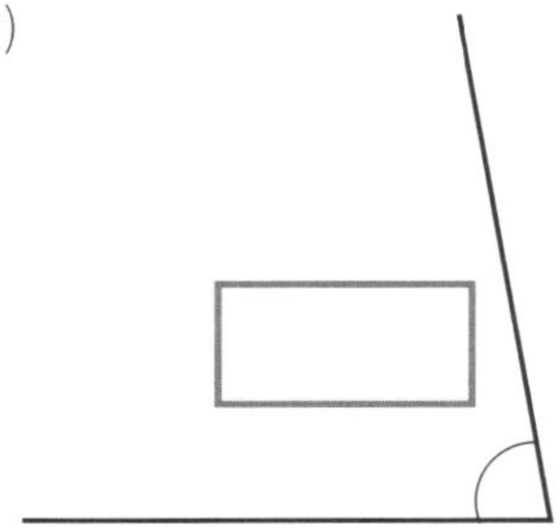

(3) 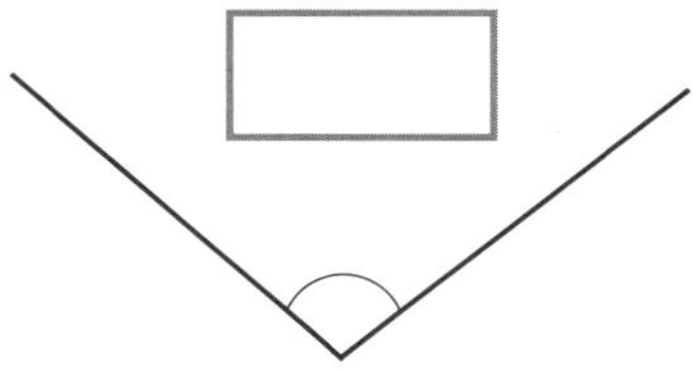

(4) 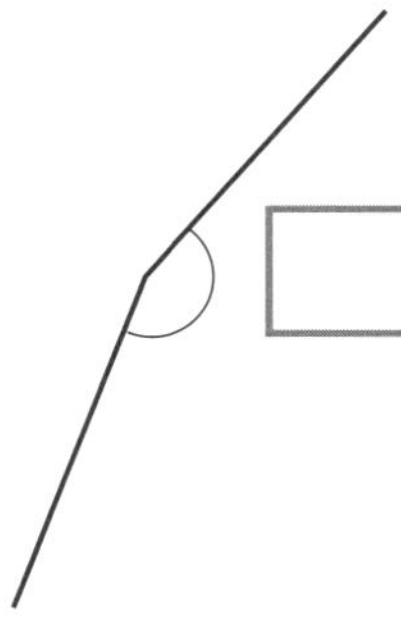

6　点アを頂点《ちょうてん》として，矢印《やじるし》の方向に次の大きさの角をかきましょう。（5 × 3）

(1) 60°

(2) 70°

(3) 140°

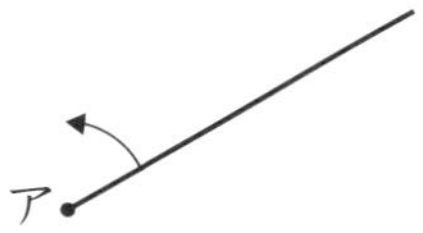

7　下の図のような三角形をかきましょう。（10）

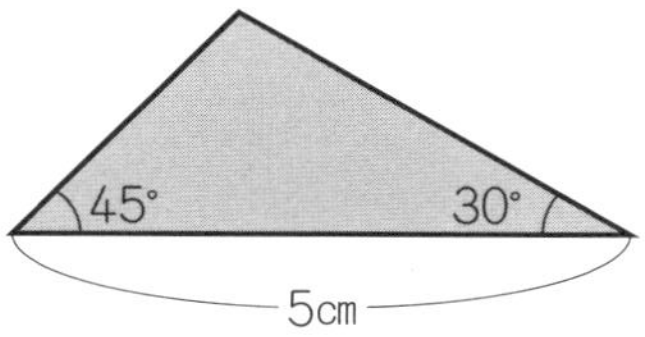

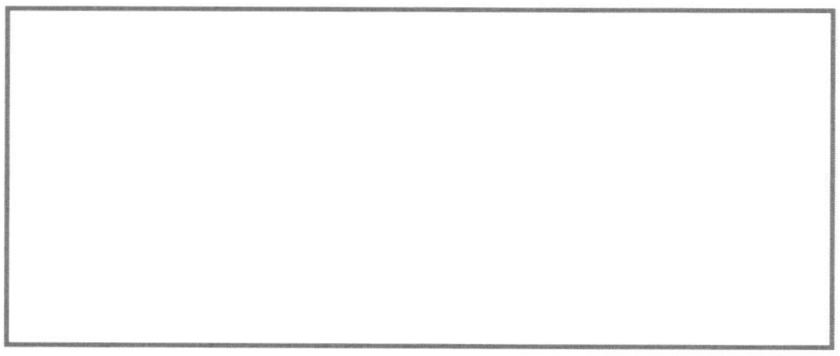

(A3 141%・B4 122%拡大)

月　日

角の大きさ

名前

1　㋐～㋓の角度を，式を書いて求《もと》めましょう。(5 × 8)

(1)

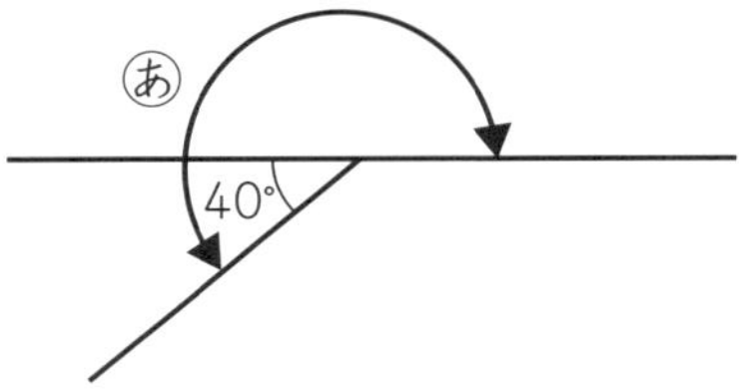

式

答え

(2)

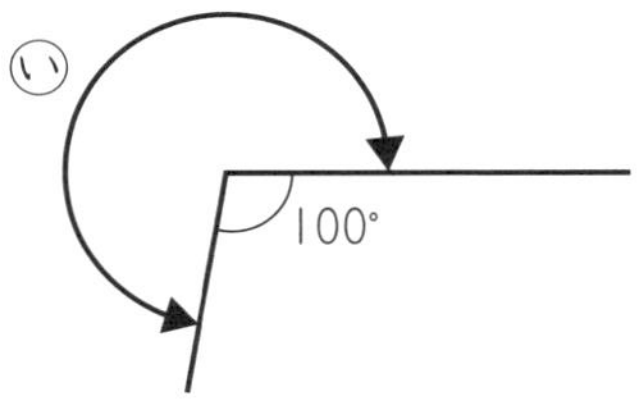

式

答え

(3)

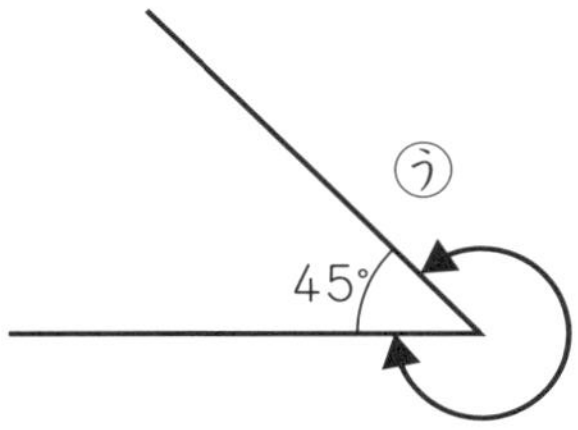

式

答え

(4)

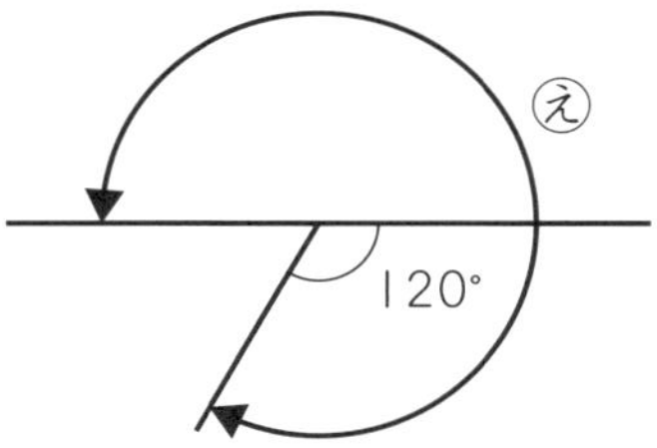

式

答え

2　三角じょうぎを使ってできる角度を，式を書いて求めましょう。(10 × 6)

(1)

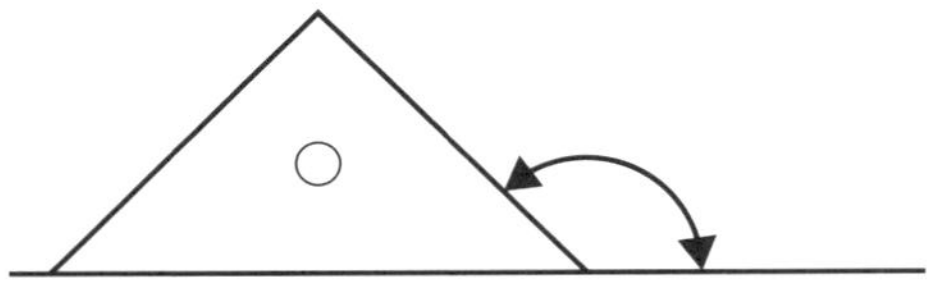

式

答え

(2)

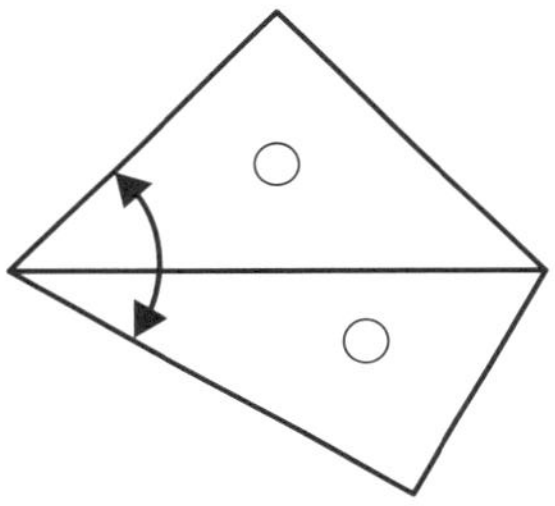

式

答え

(3)

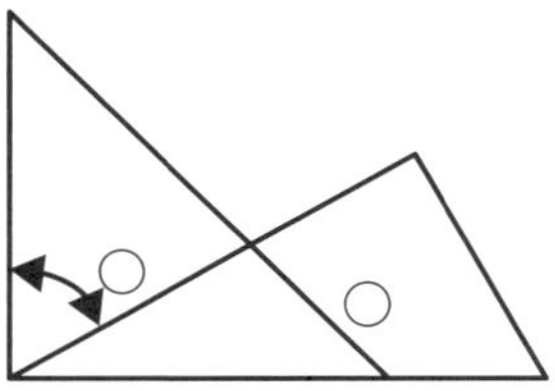

式

答え

(A3 141%・B4 122%拡大)

知識技能 B　　　　月　　日

角の大きさ

名前

1 □にあてはまる数を書きましょう。(4 × 5)

(1) 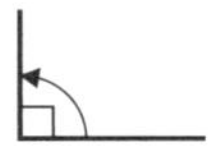 1直角は□度です。

(2)  半回転は□直角で□度です。

(3) 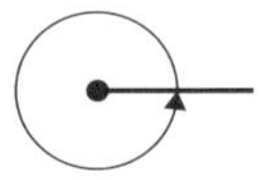 1回転の角度は□直角で□度です。

2 次の角度は何度ですか。(4 × 10)

(1) 分度器《ぶんどき》のめもりをよみましょう。

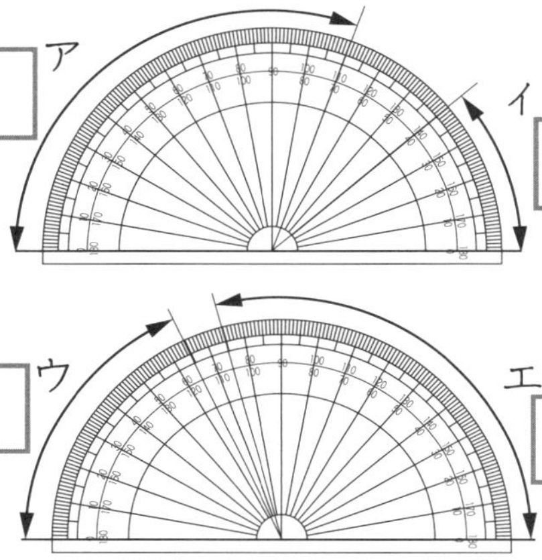

(2) 分度器を使ってはかりましょう。

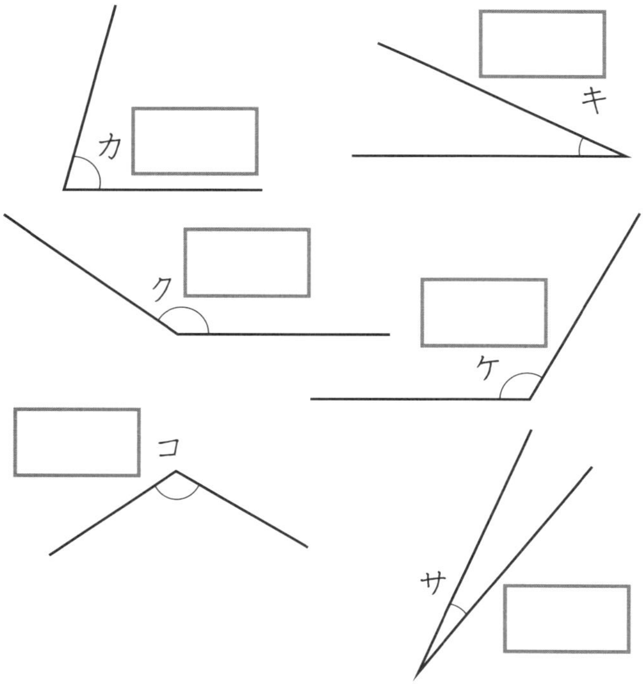

3 点アを頂点《ちょうてん》として，矢印《やじるし》の方向に次の大きさの角をかきましょう。(4 × 6)

(1) 60°

(2) 80°

(3) 105°

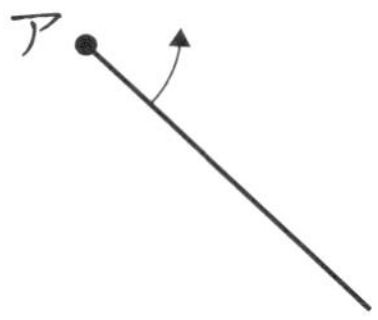

(4) 100°

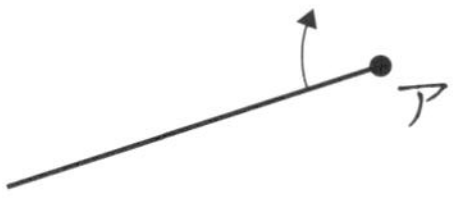

(5) 50°

(6) 35°

4 下の図のような三角形をかきましょう。(8×2)

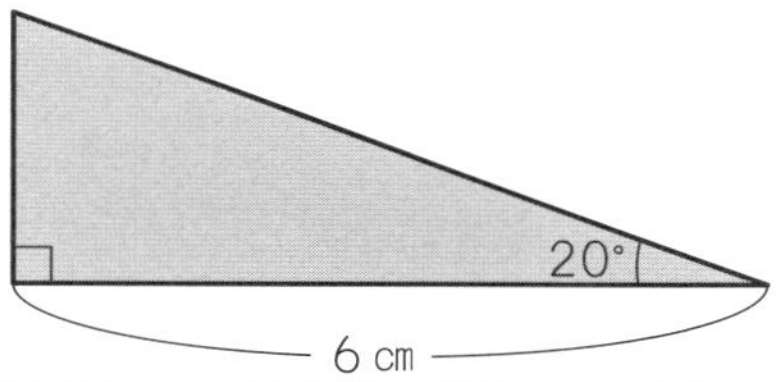

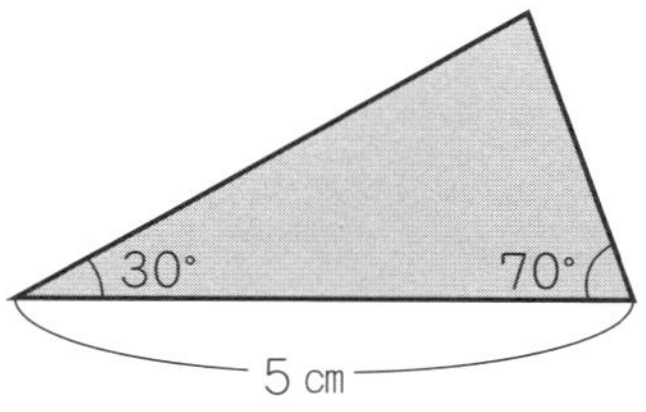

(A3 141%・B4 122%拡大)

月　日

角の大きさ

名前

[1] (あ)～(え)の角度を求《もと》めましょう。(5×4)

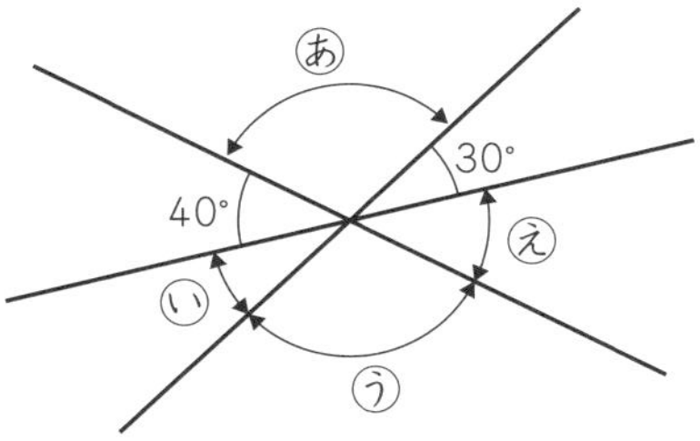

(あ)　　　(い)

(う)　　　(え)

[2] 下の(あ)(い)の角度を求めます。(5×8)

(1)

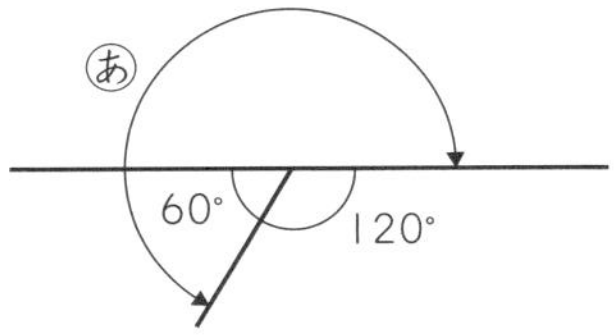

① 180°を使って求めましょう。

式

答え

② 360°を使って求めましょう。

式

答え

(2)

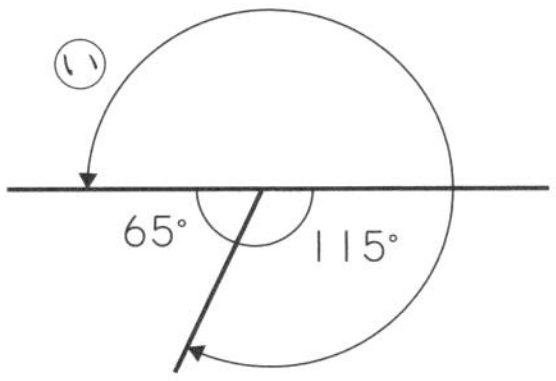

① 180°を使って求めましょう。

式

答え

② 360°を使って求めましょう。

式

答え

[3] 三角じょうぎを使ってできる角度を，式を書いて求めましょう。(5×8)

(1)

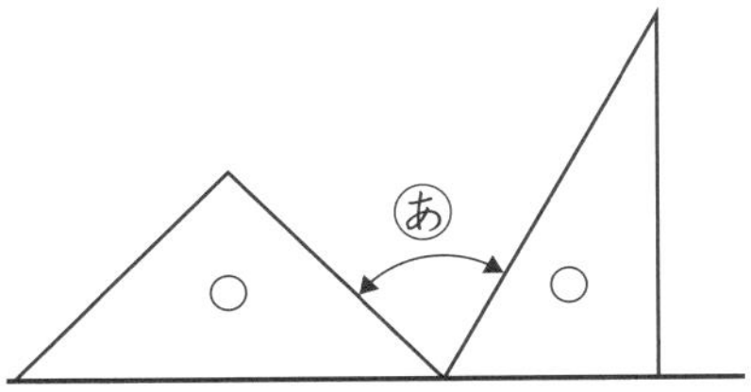

(あ)式

答え

(2)

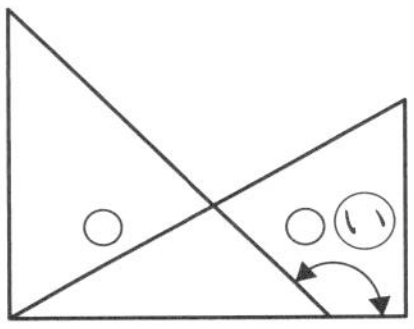

(い)式

答え

(3)

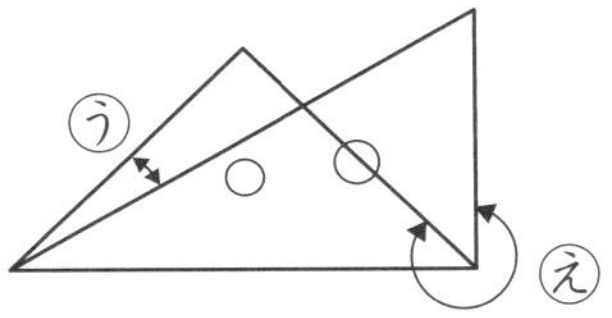

(う)式

答え

(え)式

答え

(A3 141%・B4 122%拡大)

月　日

小数のしくみ

名前

1 下のかさや長さを，小数で答えましょう。(10 × 3)

(1)

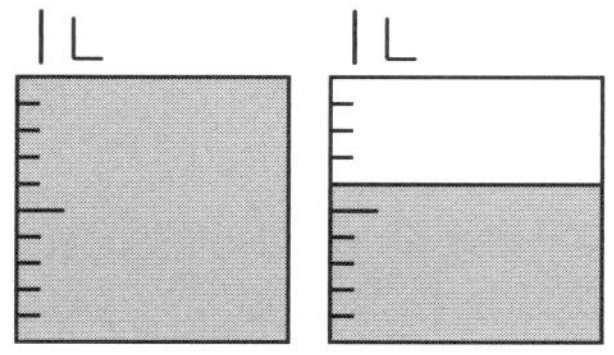

□L

(2)

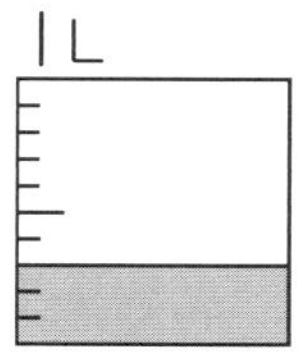

□L

(3)

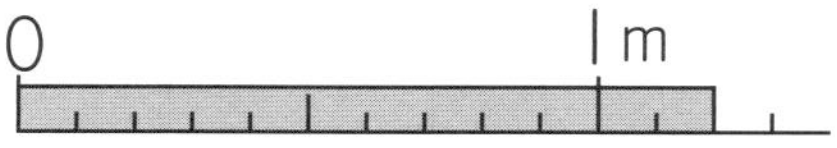

□m

2 □にあてはまる数を書きましょう。(5 × 4)

(1) 3.4は1を□こ，0.1を□こ合わせた数です。

(2) 2.7は0.1を□こ集めた数です。

(3) 0.1を6こ集めた数は□です。

(4) 0.1を53こ集めた数は□です。

3 下の数直線で①～④が表している小数を書きましょう。(5 × 4)

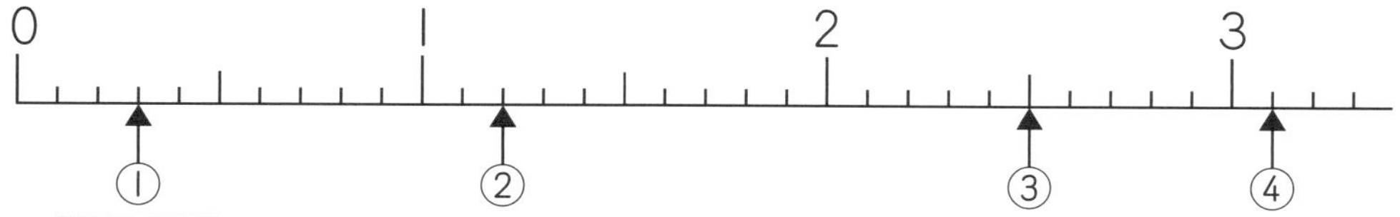

4 次の計算を筆算でしましょう。(5 × 6)

(1) 2.5 + 4.8

(2) 3.7 + 6.3

(3) 0.4 + 3

(4) 6.2 − 2.9

(5) 5.7 − 5

(6) 7 − 0.2

(A3 141%・B4 122%拡大)

知識技能 A　　月　日

小数のしくみ

名前

1　次のかさは何Lですか。(5 × 2)

(1)
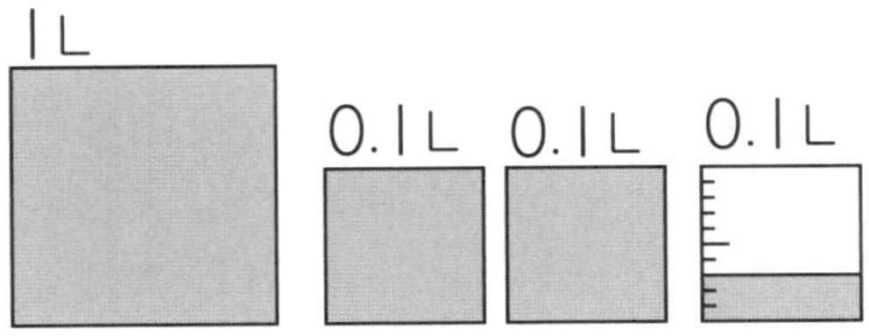

□ L

(2)
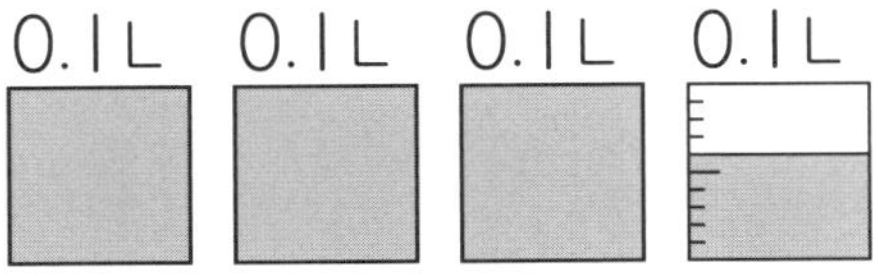

□ L

2　□ にあてはまる数を書きましょう。(5 × 4)

(1) 5.62 は □ を 5 こ, □ を 6 こ, □ を 2 こ合わせた数です。

(2) 0.01 を 7 こ集めた数は □ です。

(3) 0.01を46こ集めた数は □ です。

(4) 1.472 は 0.001 を □ こ集めた数です。

3　下の量を（　）の中の単位《たんい》だけを使って表しましょう。(5 × 2)

(1) 1km 826m（km）　□ km

(2) 2931g（kg）　□ kg

4　不等号を使って, 大小を表しましょう。(5 × 2)

(1) 5.08 □ 5.1

(2) 8.12 □ 8.06

5　次の数を書きましょう。(5 × 4)

(1) 0.085 を 10 倍した数　□

(2) 0.085 を 100 倍した数　□

(3) 3.14 を $\frac{1}{10}$ にした数　□

(4) 3.14 を $\frac{1}{100}$ にした数　□

6　次の計算を筆算でしましょう。(5 × 6)

(1) 2.38 + 4.75

(2) 1.08 + 9.62

(3) 0.72 + 8.6

(4) 4.05 − 1.98

(5) 2.1 − 2.04

(6) 5 − 2.09

(A3 141%・B4 122%拡大)

思考判断表現A

月　日

小数のしくみ

名前

1 ハイキングをしました。スタートして2.97km歩いたところで，休けいをしました。そして2.13km歩いて目的《てき》地につきました。
スタートしてから目的地まで，全部で何km歩きましたか。(10×2)

式

答え

2 しずかさんの荷物は6.74kgあります。弟の荷物は6.2kgです。しずかさんの荷物の方が，何kg重いですか。(10×2)

式

答え

3 5.4mのリボンがありました。2.85m使いました。残《のこ》っているリボンは何mですか。(10×2)

式

答え

4 牛にゅうが2Lありました。お父さんが350mL飲みました。
牛にゅうは，何L残っていますか。(10×2)

式

答え

5 980gのランドセルに，1.5kgの学習用具を入れて学校へ行きます。
学校へ持って行く荷物は，何kgになりますか。(10×2)

式

答え

(A3 141%・B4 122%拡大)

小数のしくみ

名前

1 次のかさは何Lですか。(4×3)

(1)
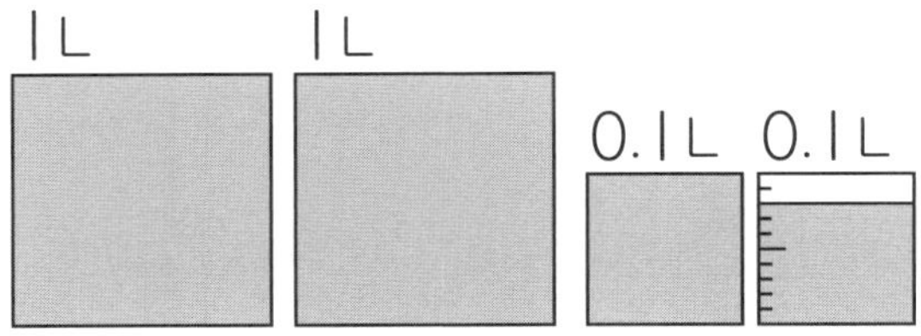

□L

(2)
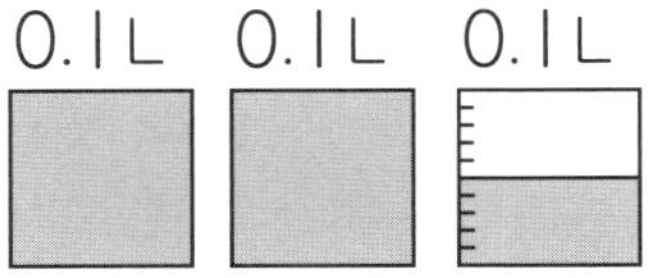

□L

(3)
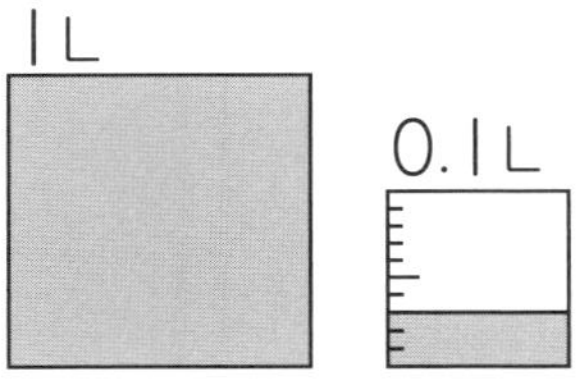

□L

2 □にあてはまる数を書きましょう。(4×4)

(1) 3.84は□を３こ，□を８こ，□を４こ合わせた数です。

(2) 0.01を21こ集めた数は□です。

(3) 0.01を274こ集めた数は□です。

(4) 5.3は0.01を□こ集めた数です。

3 下の量を（　）の中の単位《たんい》だけを使って表しましょう。(4×4)

(1) 1km700m (km)　□km

(2) 920m (km)　□km

(3) 2931g (kg)　□kg

(4) 600g (kg)　□kg

4 数直線の㋐～㋒が表している小数を書きましょう。(4×3)

㋐□　㋑□　㋒□

5 次の数を書きましょう。(4×5)

(1) 0.73を10倍した数　□

(2) 0.82を100倍した数　□

(3) 3.14を1000倍にした数　□

(4) 2.69を$\frac{1}{10}$にした数　□

(5) 4.97を$\frac{1}{100}$にした数　□

6 筆算で計算しましょう。(4×6)

(1) 0.83＋5.4

(2) 1.06＋9.64

(3) 6.54＋4

(4) 2.6－2.06

(5) 1.04－0.C8

(6) 7－4.03

(A3 141%・B4 122%拡大)

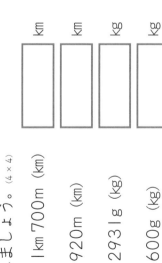

小数のしくみ

名前

1 ジュースが 1.63L ありましたが，弟がこぼして 0.9L になってしまいました。弟はジュースを，何 L こぼしたのでしょうか。(5 × 2)

式

答え

2 お父さんは，12.2kgの荷物を運びます。
お母さんは，7.85kgの荷物を運びます。
私は 5.05kgの荷物を運びます。(5 × 4)

(1) お父さんの荷物は，私のより何kg重いですか。

式

答え

(2) 3 人の荷物を合わせると，何kgになりますか。

式

答え

3 弟は 1.2kgのカバンに 0.84kgの学習道具と600gのゲーム機を入れて出かけます。(5 × 4)

(1) カバンの中に入れたものの重さは，何kgになりますか。

式

答え

(2) 学習道具とゲーム機を入れたカバンの重さは，全部で何kgになりましたか。

式

答え

4 リボンを 4.8m 使ったので，残りが 1.54m になりました。リボンは，何 m あったのでしょうか。(5 × 2)

式

答え

5 家から図書館まで，家から公園までの道のりは下の図のようになっています。(5 × 4)

(1) 家から公園まで行く方が，家から図書館へ行くよりも何km近いですか。

式

答え

(2) 図書館で借りた本を家に置いて公園へ行くとき，図書館から公園までの道のりは何kmになりますか。

式

答え

6 6.38kgのスイカと 980g のパイナップルがあります。(5 × 4)

(1) スイカの方が，何kg重いですか。

式

答え

(2) 2 つ合わせると，何kgですか。

式

答え

(A3 141%・B4 122%拡大)

月　日

わり算の筆算(2)

名前

1 計算をしましょう。(5 × 12)

(1) 48 ÷ 3　(2) 69 ÷ 4　(3) 95 ÷ 6　(4) 885 ÷ 7　(5) 627 ÷ 3

(6) 784 ÷ 6　(7) 803 ÷ 4　(8) 488 ÷ 7　(9) 603 ÷ 9　(10) 567 ÷ 8

(11) 40 ÷ 10　(12) 260 ÷ 10

2 あめが 80 こあります。(5 × 4)

(1) 6 このふくろに同じ数ずつ分けると，1 ふくろあたり何こになりますか。

式

答え

(2) 10 このふくろに同じ数ずつ分けると，1 ふくろあたり何こになりますか。

式

答え

3 みかんが 128 こあります。(5 × 4)

(1) 1 ふくろに 5 こずつ入れると，5 こ入りのふくろはいくつできますか。

式

答え

(2) 1 ふくろに 10 こずつ入れると，10 こ入りのふくろはいくつできますか。

式

答え

(A3 141%・B4 122%拡大)

わり算の筆算(2)

名前

1　86 ÷ 21 の筆算を説明《せつめい》します。□ にあてはまることばや数を，下から選《えら》んで書きましょう。(5 × 7)

(1) 十の位《くらい》の計算

① □ に商は立ちません。

21)86

(2) 一の位の計算

① 86 ÷ 21 を □ と考えて，かりの商をたてます。

かりの商は □ です。

② 21 と □ をかけます。

③ 86 から □ をひきます。

答えは □ あまり □ です。

21)86
　　84
　　 2

一の位・十の位・100÷21・80÷20
2・3・4・5・84・86

2　次のわり算の商は何の位からたちますか。(5 × 2)

(1) 26)105　　□ の位

(2) 32)475　　□ の位

3　下のわり算の，けん算の式を書きましょう。(5)

98 ÷ 31 = 3 あまり 5

31 × □ + □ = □

4　次の計算をしましょう。(5 × 10)

(1) 78 ÷ 34　　(2) 74 ÷ 24

(3) 89 ÷ 36　　(4) 95 ÷ 35

(5) 114 ÷ 14　　(6) 956 ÷ 21

(7) 538 ÷ 34　　(8) 602 ÷ 34

(9) 215 ÷ 24　　(10) 9537 ÷ 21

(A3 141%・B4 122%拡大)

月　日

わり算の筆算(2)

名前

1　□にどんな数が入れば，商が2けたになりますか。(5×2)

(1)　28)2□5　□ □

(2)　□7)345　□ □

2　おり紙が500まいあります。28人に同じまい数ずつ配ると，1人何まいになりますか。また，何まいあまりますか。(10×2)

式

答え

3　450cmのテープを35cmずつに切ります。35cmのテープは何本できて，何cmあまりますか。(10×2)

式

答え

4　1こ65円のおかしを何こか買うと，代金は910円でした。おかしを何こ買いましたか。(10×2)

式

答え

5　382このミニトマトを，14こずつふくろに入れていきます。ふくろは何まい必要《ひつよう》で，トマトは何こあまりますか。(10×2)

式

答え

6　計算が正しければ○を，まちがっていたら正しい答えを□に書きましょう。(5×2)

(1)

```
     7
14)97
   98
    1
```

□

(2)

```
     3
26)79
   78
    1
```

□

(A3 141%・B4 122%拡大)

月　日

わり算の筆算(2)

名前

1 91 ÷ 32 の筆算を説明《せつめい》します。
□ にあてはまる言葉や数を書きましょう。 (4 × 5)

① □ の位に商はたちません。
□ の位に商をたてます。

(32)91 の筆算：商 3，32 × 3 = 96)

② 91 ÷ 32 を 90 ÷ □ と
考えて，かりの商として 3 をたてます。

③ 32 × 3 = 96 で 91 よりも大きくなります。
そこで，3 を 1 小さい □ にします。

④ 32 に □ をかけると 64，
91 から 64 をひくと 27

(32)91 の筆算：商 2，64，27)

⑤ 答えは □ あまり □ です。

2 次のわり算の商は，何の位からたちますか。 (4 × 3)

(1) 18)105　□ の位
(2) 54)545　□ の位
(3) 26)236　□ の位

3 わり算のせいしつを使って計算しましょう。 (4 × 3)

(1) 270 ÷ 90
(2) 4200 ÷ 700
(3) 54000 ÷ 600

4 次の筆算をして，けん算もしましょう。 (4 × 2)

205 ÷ 21

けん算 □

5 次の計算をしましょう。 (4 × 12)

(1) 74 ÷ 37　(2) 82 ÷ 36
(3) 93 ÷ 38　(4) 70 ÷ 17
(5) 315 ÷ 45　(6) 208 ÷ 23
(7) 316 ÷ 38　(8) 109 ÷ 18
(9) 852 ÷ 32　(10) 866 ÷ 27
(11) 468 ÷ 18　(12) 7249 ÷ 24

(A3 141%・B4 122%拡大)

月　　日

わり算の筆算(2)

名前

1　□にどんな数が入ればいいですか。(5×4)

(1)　商が1けたになるには

72)7□6　□□

□9)788　□□□

(2)　商が2けたになるには

6□)621　□□□

37)3□0　□□□

2　バナナが154本あります。18人に同じ本数ずつ配ります。1人分は，何本になりますか。(5×2)

式

答え

3　くりが364こあります。1ふくろに25こずつ入れます。25こ入りのふくろは何ふくろできて，くりは何こあまりますか。(5×2)

式

答え

4　同じ重さのソーセージ55本の重さをはかると，3740gでした。このソーセージ1本の重さは，何gですか。(5×2)

式

答え

5　16人分のおかしを買うと，代金は1200円でした。1人分は何円ですか。(5×2)

式

答え

6　850この荷物を1回に28こずつ運びます。何回運べば，運び終わることができますか。(5×2)

式

答え

7　長さが6mのリボンを切って，42cmのリボンを作ります。何本できて何cmあまりますか。(5×2)

式

答え

8　次の計算はまちがっています。どこがまちがっているか説《せつ》明して，正しい答えを書きましょう。(5×4)

(1)

```
      33
14)477
    42
     57
     42
     15
```

(2)

```
       3
12)362
    36
       2
```

正しい答え

正しい答え

(A3 141%・B4 122%拡大)

月　日

がい数

名前

1 どちらの数に近いですか。数直線のおよその位置《いち》に，点をかいて答えましょう。（10×6）

(1) 57は，50と60のどちらに近いですか。

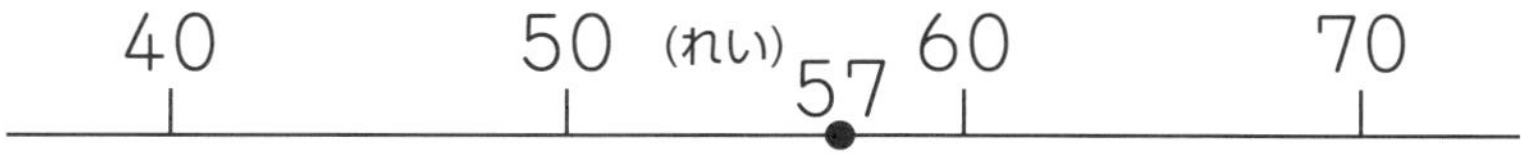

(2) 232は，200と300のどちらに近いですか。

(3) 6782は，6000と7000のどちらに近いですか。

(4) 6782は，6700と6800のどちらに近いですか。

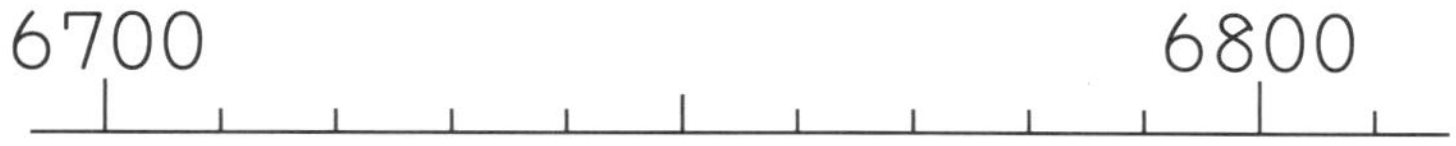

(5) 84690は，80000と90000のどちらに近いですか。

(6) 84690は，84000と85000のどちらに近いですか。

2 ゆうじさんは，おかしを買いに行きました。ねだんの一の位《くらい》が，かくれていました。（10×4）
買える／買えない／どちらかわからないのどれかに○をつけましょう。

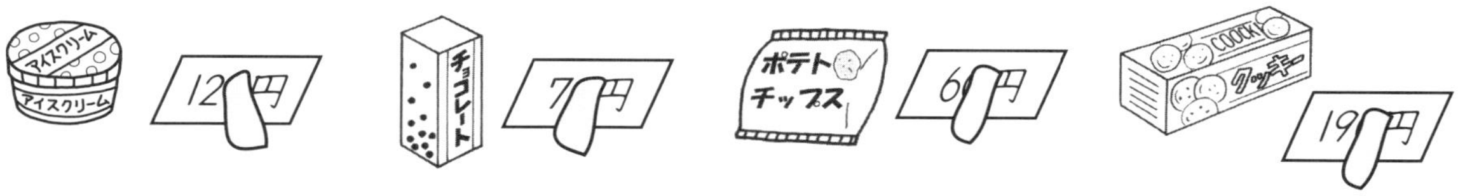

(1) チョコレートとポテトチップスは，150円で買えますか。

（ 買える ／ 買えない ／ どちらかわからない ）

(2) アイスクリームとチョコレートは，200円で買えますか。

（ 買える ／ 買えない ／ どちらかわからない ）

(3) アイスクリームとポテトチップスは，200円で買えますか。

（ 買える ／ 買えない ／ どちらかわからない ）

(4) アイスクリームとクッキーは，300円で買えますか。

（ 買える ／ 買えない ／ どちらかわからない ）

（A3 141%・B4 122%拡大）

月　日

がい数

名前

□1 四捨五入《ししゃごにゅう》をして，（　　）の位《くらい》までのがい数にしましょう。(5×6)

(1) 362（百の位）

(2) 6432（百の位）

(3) 48736（千の位）

(4) 59636（千の位）

(5) 74589（万の位）

(6) 16037（万の位）

□2 四捨五入をして，（　　）の中のけたまでのがい数にしましょう。(5×4)

(1) 3500（上から1けた）

(2) 64215（上から1けた）

(3) 4839（上から2けた）

(4) 59720（上から2けた）

□3 四捨五入をして，十の位までのがい数にすると170になりました。このときの整数のはんいを以上《いじょう》と未満《みまん》を使って表しましょう。(5×2)

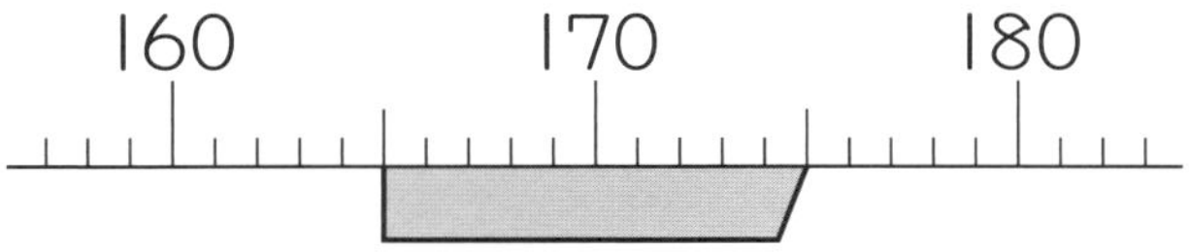

□ 以上 □ 未満

□4 百の位までのがい数にして，計算しましょう。(5×2)

(1) 348＋472

(2) 1270－539

□5 千の位までのがい数にして，計算しましょう。(5×2)

(1) 1638＋5496

(2) 17290－4812

□6 上から1けたのがい数にして式を書き，見《み》積《つ》もりをしましょう。(5×4)

(1) 928×375

式

(2) 6479÷29

式

(A3 141%・B4 122%拡大)

月　日

がい数

名前

1　下の表は，動物園の午前，午後の入場者数です。(10×4)

時間帯	入場者数(人)
午前	5489
午後	3735

(1)　午前の方が，午後よりも何千何百人多いですか。何千何百人のがい数で求《もと》めましょう。

式

答え

(2)　午前と午後を合わせると，何千何百人ですか。何千何百人のがい数で求めましょう。

式

答え

2　1さら420円のたこ焼《や》きが186さら売れました。

たこ焼きの売り上げは，およそ何円でしょうか。上から1けたのがい数で見積《みつ》もりましょう。(10×2)

式

答え

3　遠足で水族館へ行きました。(10×4)

(1)　47人で乗ったバス代は，102800円でした。1人分のバス代は，およそ何円になりますか。上から1けたのがい数で見積もりましょう。

式

答え

(2)　水族館の入場料金は580円です。47人分の代金は，およそ何円になりますか。上から1けたのがい数で見積もりましょう。

式

答え

(A3 141%・B4 122%拡大)

月　日

がい数

名前

1 四捨五入《ししゃごにゅう》をして，（　　）の位《くらい》までのがい数にしましょう。(4 × 4)

(1) 1483（百の位）

(2) 6532（千の位）

(3) 82036（万の位）

(4) 99636（万の位）

2 四捨五入をして，（　　）の中のけたまでのがい数にしましょう。(4 × 4)

(1) 5627（上から 1 けた）

(2) 72814（上から 1 けた）

(3) 48392（上から 2 けた）

(4) 99734（上から 2 けた）

3 次の整数のはんいを，以上《いじょう》と未満《みまん》を使って表しましょう。(4 × 4)

(1) 四捨五入をして，十の位までのがい数にすると 380 になる整数のはんい

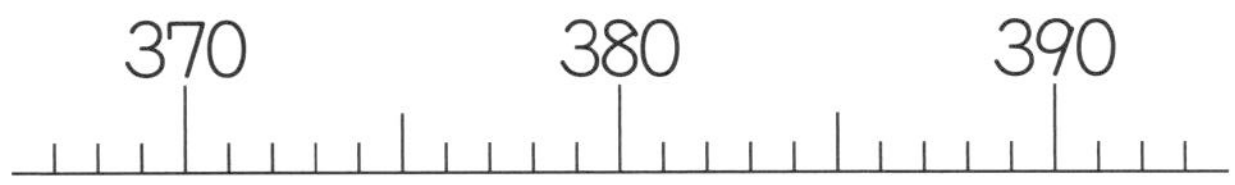

□ 以上 □ 未満

(2) 四捨五入をして，百の位までのがい数にすると 4600 になる整数のはんい

□ 以上 □ 未満

4 百の位までのがい数にして計算しましょう。(4 × 2)

(1) 1308 + 784

(2) 5470 − 2149

5 千の位までのがい数にして計算しましょう。(4 × 3)

(1) 5278 + 6912

(2) 17638 + 33789

(3) 6843 − 3280

6 上から 1 けたのがい数にして見積《みつ》もる式を書き，答えを求めましょう。(4 × 8)

(1) 45 × 74

式

(2) 892 × 327

式

(3) 8265 ÷ 42

式

(4) 9517 ÷ 217

式

(A3 141%・B4 122%拡大)

月　日

がい数

名前

1　下の表は，遊園地の土曜，日曜の入場者数です。(5 × 4)

曜日	入場者数（人）
土曜	12703
日曜	29465

(1)　土日の入場者数は，あわせて約何人ですか。千の位《くらい》までのがい数で求《もと》めましょう。

式

答え

(2)　日曜の方が，土曜よりも約何人多いですか。千の位までのがい数で求めましょう。

式

答え

2　バス旅行の参加者 52 人から，代金を集金します。1 人分は 3980 円です。
　全部で約何円になりますか。上から 1 けたのがい数で見《み》積《つ》もりましょう。(10 × 2)

式

答え

3　キャラメル工場では，28700 このキャラメルを 18 こずつ箱に入れます。
　約何箱できますか。上から 1 けたのがい数で見積もりましょう。(10 × 2)

式

答え

4　1000 円でおかしを買います。(10 × 4)

ケーキ	キャンディ	クッキー	ドーナツ	プリン
520円	185円	160円	240円	360円

(1)　キャンディ，ドーナツ，プリンは 1000 円で買えますか。ア～ウの中から見積りの式にあてはまるものを選んで記号を書き，買えるか買えないかどちらかに○をつけましょう。

㋐　100 + 200 + 300

㋑　200 + 200 + 400

㋒　200 + 300 + 400

（　買える・買えない　）

(2)　ケーキ，ドーナツ，プリンは 1000 円で買えますか。代金を見積り，買えるか買えないか答えましょう。

式

答え　　　　円

(A3 141%・B4 122%拡大)

学習準備

月　日

計算のきまり

名前

1　230円のチョコレートと１80円のクッキーを１こずつ買って，500円をはらいました。(10×4)

(1)　チョコレートとクッキーを１こずつ買ったときの代金は，何円ですか。

式

答え

(2)　おつりは，何円になりますか。

式

答え

2　400円のマグカップ１こと，１本80円のえんぴつを３本買いました。代金は，何円になりますか。(10×2)

式

答え

3　100円のパンと80円のジュースをセットにして３人分買いました。(10×4)

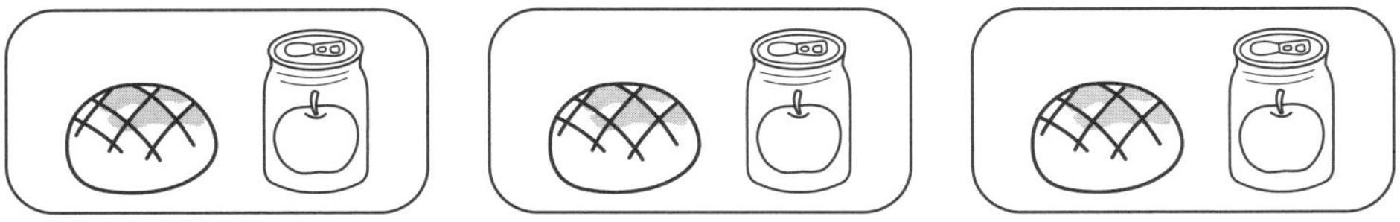

(1)　１人分は，何円になりますか。

式

答え

(2)　３人分では，何円になりますか。

式

答え

(A3 141%・B4 122%拡大)

知識技能 A　　　　月　　日

計算のきまり

名前

1 計算をしましょう。(5 × 6)

(1) (25 + 15) × 5

(2) 100 − (43 + 20)

(3) 120 ÷ (59 − 19)

(4) 20 + 7 × 6

(5) 15 − 12 ÷ 3

(6) 25 + 15 ÷ 5

2 計算をしましょう。(5 × 4)

(1) (24 ÷ 6 + 2) × 3

(2) 24 ÷ 6 + 2 × 3

(3) 24 ÷ (6 + 2) × 3

(4) 24 ÷ (6 + 2 × 3)

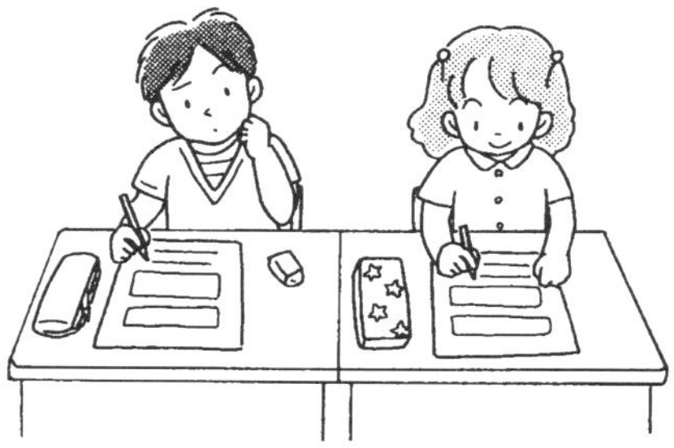

3 □ にあてはまる数を書きましょう。(5 × 6)

(1) 72 + 24 = 24 + □

(2) 72 × 25 × 4 = 72 × (25 × □)

= 72 × □

(3) 104 × 25 = (□ + 4) × 12

= □ × 12 + 4 × 12

= □ + 48

4 7 × 8 = 56 を使って計算をします。
□ にあてはまる数を書きましょう。(5 × 4)

(1) 7 × 80 = 7 × 8 × 10

= □ × 10

= □

(2) 70 × 80 = 7 × 10 × 8 × 10

= 7 × 8 × 10 × 10

= 56 × □

= □

(A3 141%・B4 122%拡大)

計算のきまり

名前 ＿＿＿＿＿＿

1　200円のクッキーと120円のチョコレートを買って，500円をはらいました。おつりは何円になりますか。□にあてはまる数を書きましょう。(5×5)

(1) 求《もと》めましょう。クッキーとチョコレートの代金を順にひいて求めましょう。

500 − □ − □ = □

(2) クッキーとチョコレートの代金をまとめてから，ひいて求めましょう。

① クッキーとチョコレートの代金

□ + □ = □

② おつりを求めましょう。

500 − □ = □

③ ①と②を１つの式にしましょう。

500 −（□ + □）= □

答え ＿＿＿＿＿＿

2　１本100円のえんぴつを５本と，200円の三角じょうぎを１セット買いました。
代金を，１つの式に書いて求めましょう。(10×2)

式

答え ＿＿＿＿＿＿

3　１こ50円のガムと，１こ30円のあめが１こずつふくろに入っています。このふくろを６ふくろ買ったときの代金を，１つの式に書いて求めましょう。(10×2)

式

答え ＿＿＿＿＿＿

4　右の図の○と●は全部で何こありますか。(5×7)

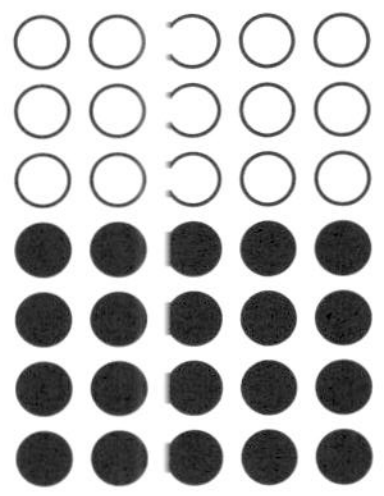

(1) ○と●のそれぞれの数を求めて合わせます。

① ○の数を求める式を書きましょう。

式

② ●の数を求める式を書きましょう。

式

③ ①と②の式を１つの式にして，全部の数を求めましょう。

式

答え ＿＿＿＿＿＿

(2) たてに並んでいる○と●の数を求め　その５れつ分で全部の数を求めます。

① たてに並んでいる○と●の数を求める式を書きましょう。

式

② ①の５れつ分として全部の数を求める式を，１つの式に書いて答えを求めましょう。

（□ + □）× □ = □

答え ＿＿＿＿＿＿

(A3 141%・B4 122%拡大)

月　日

計算のきまり

名前

1 計算をしましょう。(4 × 8)

(1) 32 − (9 + 3)

(2) 5 × (12 − 8)

(3) (45 − 20) ÷ 5

(4) 100 − 40 ÷ 2

(5) 25 + 5 × 6

(6) 240 ÷ (35 − 15)

(7) 5 × 7 − 3 × 6

(8) 9 + 12 ÷ 3

2 計算をしましょう。(4 × 4)

(1) 8 × 6 + 4 ÷ 2

(2) 8 × (6 + 4 ÷ 2)

(3) (8 × 6 + 4) ÷ 2

(4) 8 × (6 + 4) ÷ 2

3 □ にあてはまる数を書きましょう。(8 × 5 完答)

(1) 95 + 78 + 5 = 78 + □ + 5
= 78 + □
= □

(2) 25 × 16 = 25 × □ × 4
= □ × 4
= □

(3) 28 × 25 = 7 × □ × 25
= 7 × □
= □

(4) 99 × 7 = (□ − 1) × 7
= □ × 7 − 1 × 7
= □ − 7
= □

(5) 1008 × 6 = (□ + 8) × 6
= □ × 6 + 8 × 6
= □ + 48
= □

4 8 × 9 = 72 を使って計算をしましょう。(4 × 3)

(1) 8 × 90

(2) 80 × 90

(3) 800 × 900

(A3 141%・B4 122%拡大)

思考判断表現 B　　　　月　日

計算のきまり

名前

1　320円のおかしと150円のジュースを買って，1000円をはらいました。おつりは何円になりますか。(　　)を使った1つの式に書いて，答えを求《もと》めましょう。(10×2)

式

答え

2　300円のかぼちゃを1こと，30円のきゅうりを5本買いました。代金は，何円ですか。1つの式に書いて，答えを求めましょう。(10×2)

式

答え

3　150円のパンと，100円のジュースがセットになっています。このセットを4セット買うと，代金は何円ですか。1つの式に書いて，答えを求めましょう。(10×2)

式

答え

4　1さつ120円のノートを6さつ買うと，150円安くなりました。代金は何円ですか。1つの式に書いて，答えを求めましょう。(10×2)

式

答え

5　右の図の●は何こあるのか考えます。りなさんとたくみさんが考えた式を，下から選《えら》んで記号を書きましょう。(10×2)

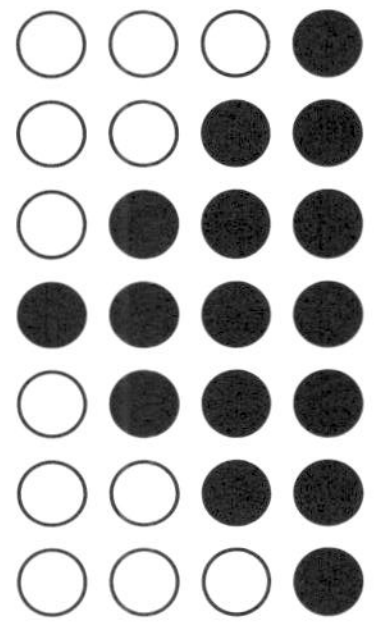

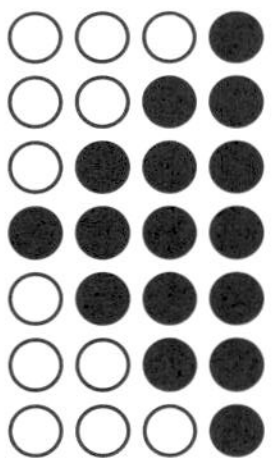

まず，●も○もまとめて全体のこ数を求めます。
それから，○のこ数をひけば●のこ数を求められます。
りな

かこんだ●を矢印《やじるし》のように動かすと，正方形のようにまとめることができます。
たくみ

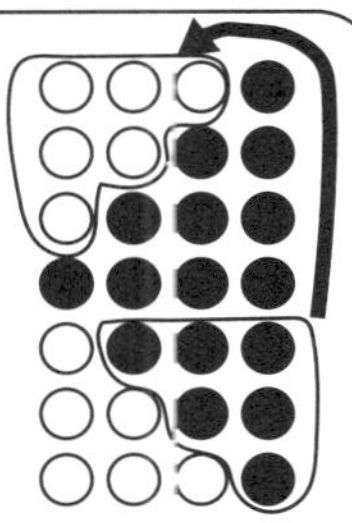

ア　3×5＋1

イ　4×4

ウ　4×7－6×2

(A3 141%・B4 122%拡大)

月　日

垂直平行と四角形

名前

1 □ にあてはまる言葉を書きましょう。(10×3)

(1) 長方形の４つの角は，□ です。

(2) 長方形の向かい合っている辺の長さは □ です。

(3) ４つの角がみな直角で，４つの辺の長さがひとしい四角形を □ といいます。

2 次の角度をはかりましょう。(10×3)

(1)

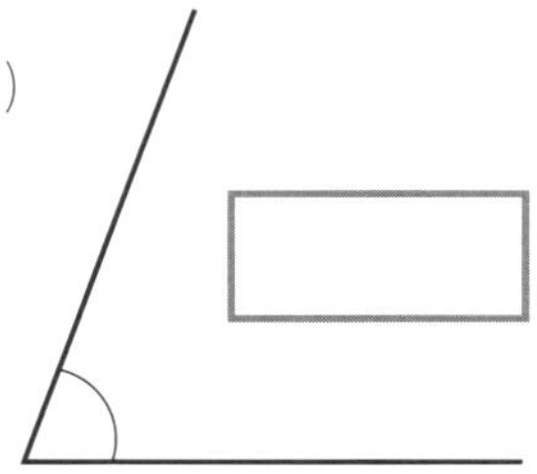

(2)

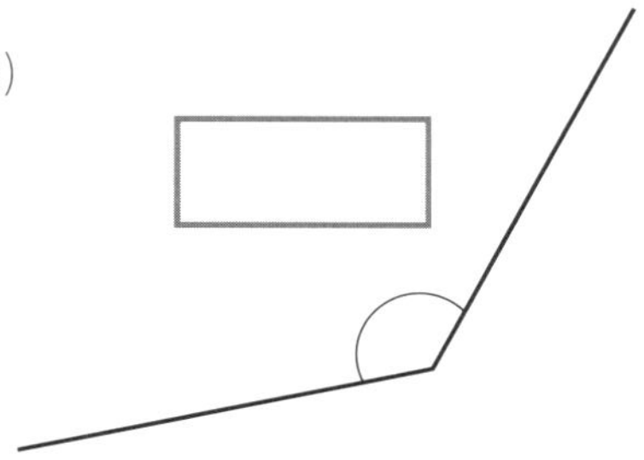

(3)

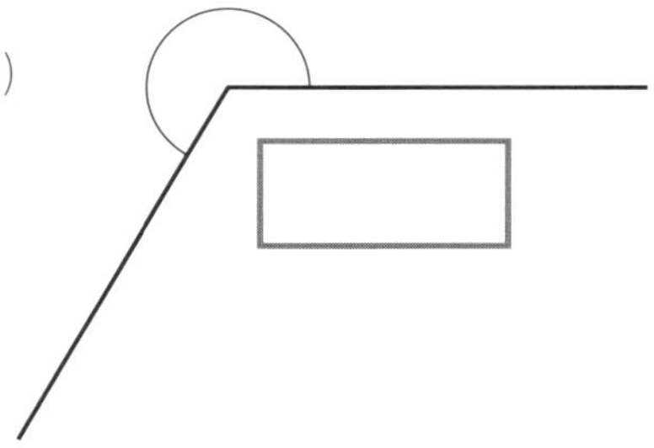

3 次の角度をかきましょう。(10×2)

(1) 100°

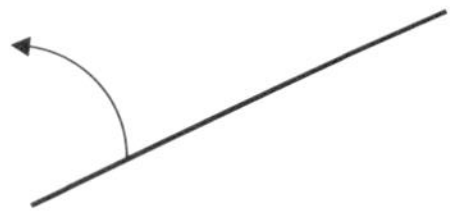

(2) 270°

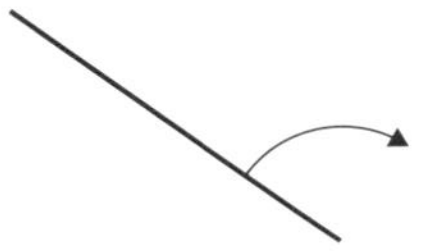

4 方がん紙に同じ形をかきましょう。(10)

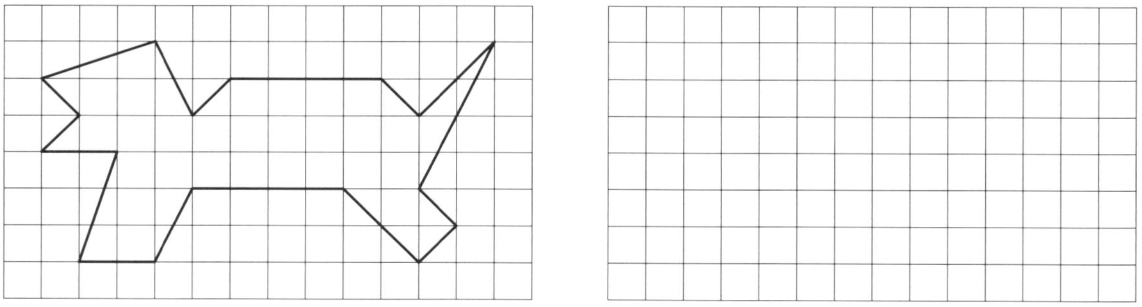

5 下の長方形をじょうぎや分度器やコンパスを使ってかきましょう。(10)

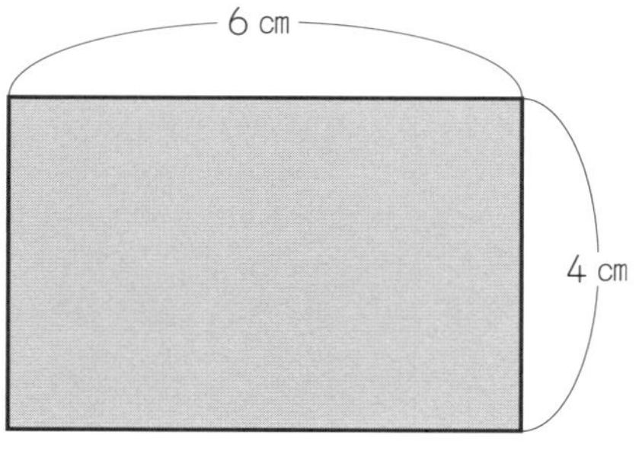

(A3 141%・B4 122%拡大)

知識技能A

月　日

垂直平行

名前

1 □にあてはまる言葉や数を書きましょう。(5×4)

(1) 図1のように2本の直線の交わってできる角が直角のとき，2本の直線は□に交わっているといいます。

図1

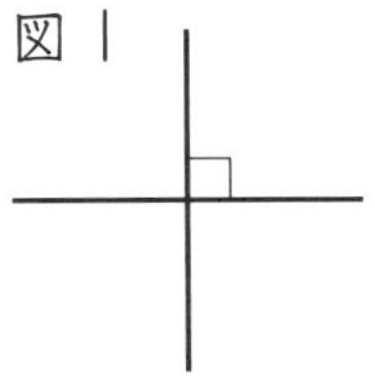

(2) 図2のように直線Aに直線㋐と㋑が垂直《すいちょく》に交わっているとき，直線㋐㋑は□です。

図2

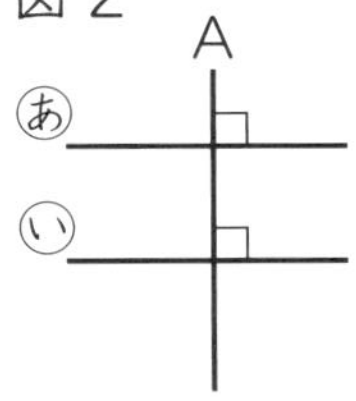

(3) 図3で，直線㋐と㋑が平行なとき，直線㋐と㋑のはばは，□です。

図3

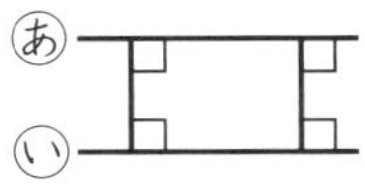

(4) 図4で，直線㋐と㋑が平行なとき，角㋐は□度です。

図4

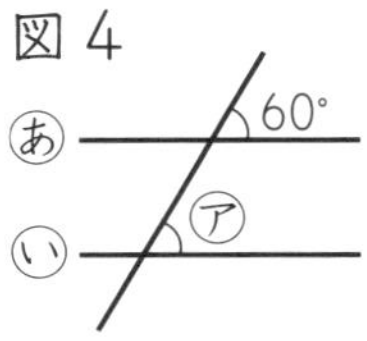

2 図を見て答えましょう。(5×6)

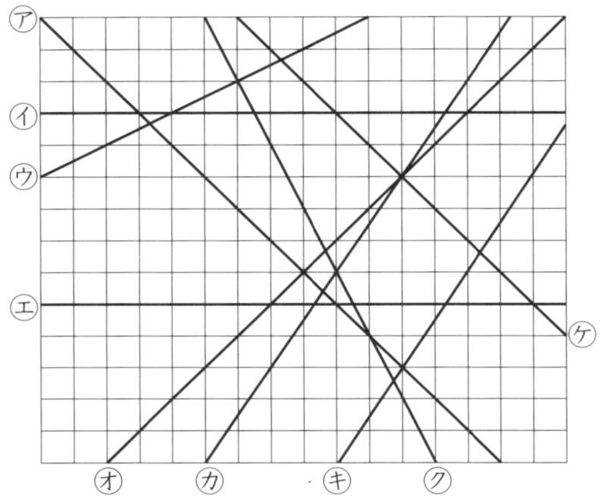

(1) 垂直な直線はどれとどれですか。

□と□　□と□　□と□

(2) 平行な直線はどれとどれですか。

□と□　□と□　□と□

3 次のような直線をひきましょう。(10×2)

(1) 点Aを通って直線㋐に垂直な直線

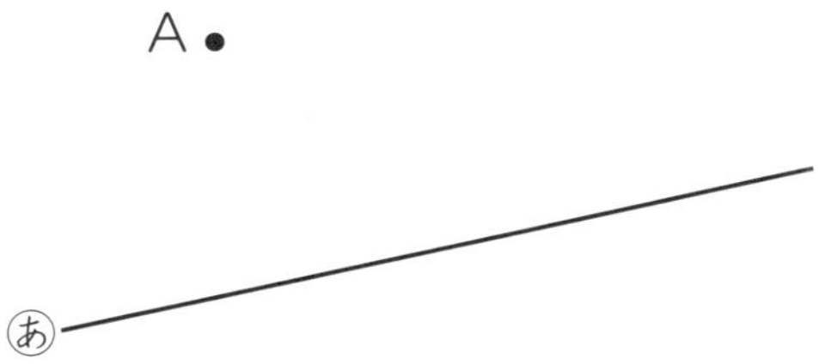

(2) 点Bを通って直線㋑に平行な直線

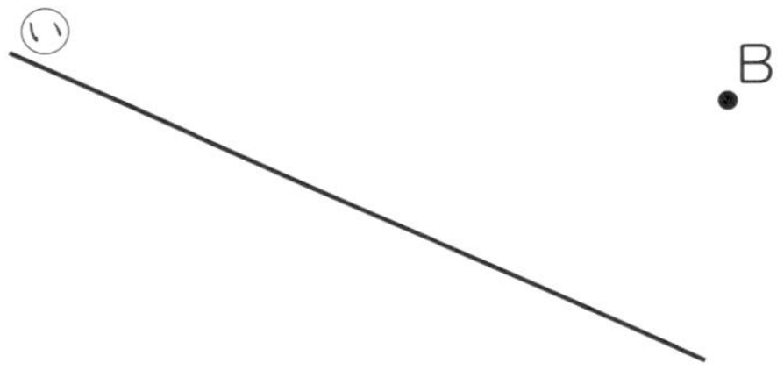

4 方がんに次のような直線をひきましょう。(10×2)

(1) 点Aを通って直線㋐に垂直な直線

(2) 点Bを通って直線㋐に平行な直線

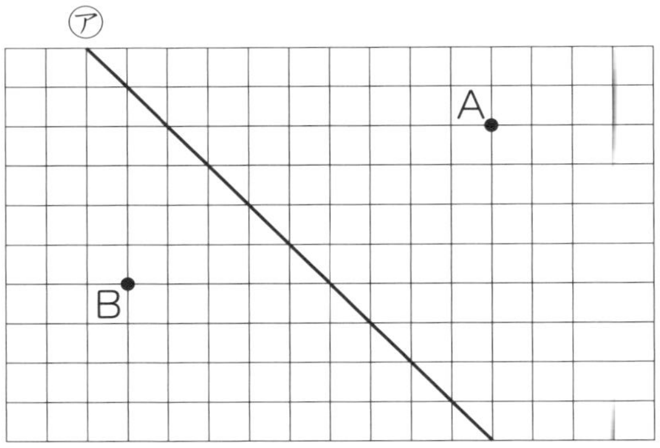

5 直線㋐から2cmはなれた平行な直線をひきましょう。(10)

(A3 141%・B4 122%拡大)

月　日

垂直平行

名前

1 図を見て答えましょう。(5×6)

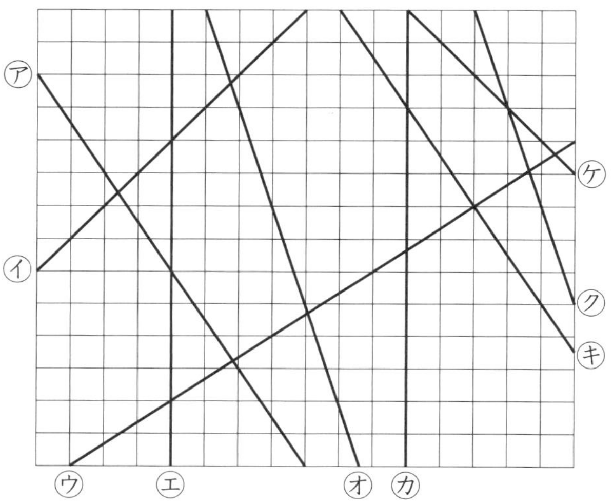

(1) 垂直《すいちょく》な直線はどれとどれですか。

と	と	と

(2) 平行な直線はどれとどれですか。

と	と	と

2 図を見て答えましょう。
あ, い, うの直線はすべて平行です。①～④の角度は何度でしょうか。(5×4)

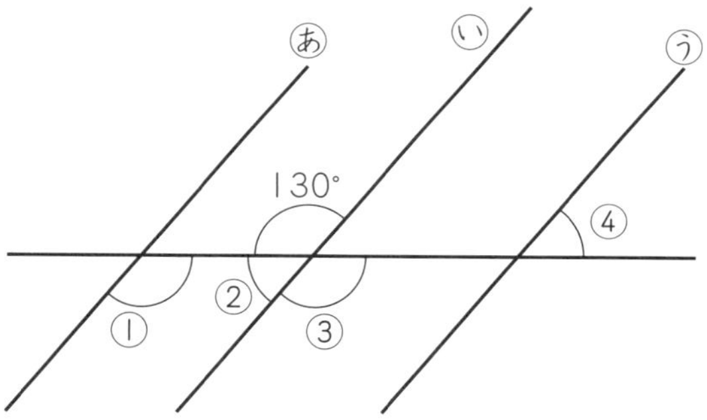

① ＿＿＿　② ＿＿＿
③ ＿＿＿　④ ＿＿＿

3 次のような直線をひきましょう。(5×4)

(1) 点Aを通って，直線あに垂直な直線と平行な直線

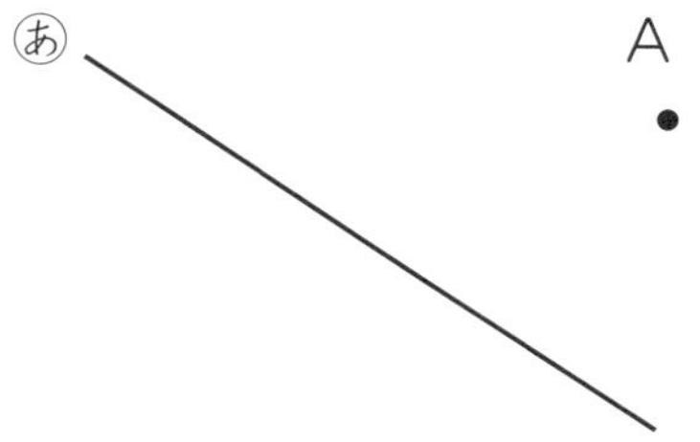

(2) 点Bを通って，直線いに垂直な直線と平行な直線

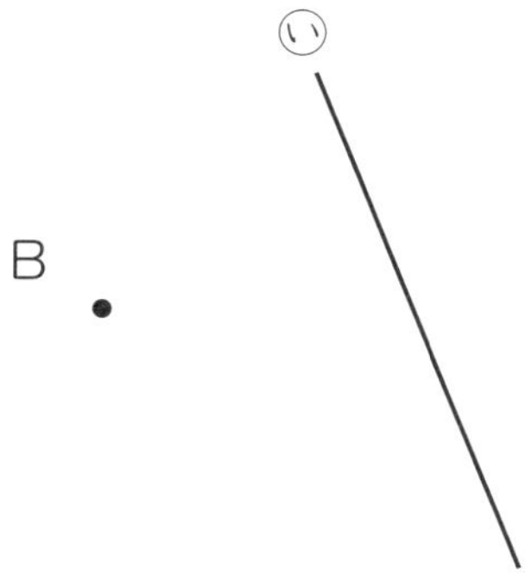

4 方がんに次のような直線をひきましょう。(10×2)

(1) 点Aを通って直線アに垂直な直線

(2) 点Bを通って直線アに平行な直線

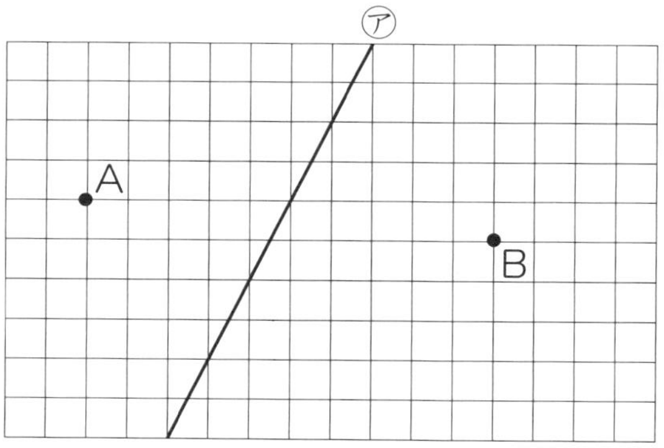

5 直線あから1cmはなれた平行な直線と2.5cmはなれた平行な直線をひきましょう。(5×2)

(A3 141%・B4 122%拡大)

知識技能 B　　　　月　　日

垂直平行と四角形

名前

1　(1)〜(6)にあてはまる図形を下から選《えら》んで，記号を書きましょう。(5 × 6)

(1)　向かい合った１組の辺だけが平行な四角形

□

(2)　向かい合った２組の辺が平行な四角形

□ □ □ □

(3)　４つの辺の長さがすべて等しい四角形

□ □

(4)　４つの角がすべて等しい四角形

□ □

(5)　４つの角がすべて等しく，４つの辺の長さがすべて等しい四角形

□

(6)　２本の対角線の長さが等しい四角形

□ □

㋐台形　㋑平行四辺形　㋒ひし形
㋓長方形　㋔正方形

2　次の平行四辺形について答えましょう。(5 × 4)

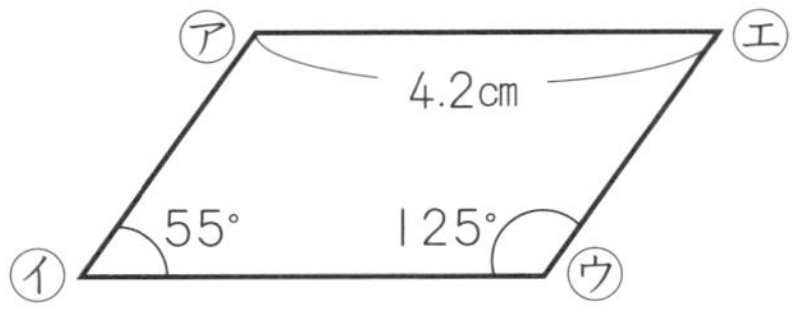

(1)　辺㋐㋑に平行な辺はどれですか。

辺 □

(2)　辺㋑㋒は何cmですか。

□ cm

(3)　角㋐と角㋓は，それぞれ何度ですか。

角㋐ □ °　角㋓ □ °

3　次の文で正しいもの２つに○をつけましょう。(5 × 2)

(　　)　ひし形の４つの角はすべて等しい。

(　　)　ひし形の向かい合った角の大きさは等しい。

(　　)　平行四辺形辺の４つの辺の長さは等しい。

(　　)　平行四辺形辺の向かい合った２組の辺はどちらも平行。

4　台形と平行四辺形を１つずつ書きましょう。(10 × 2)

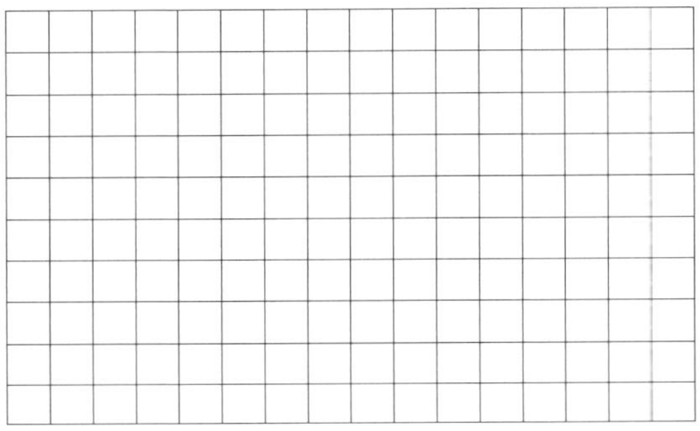

5　次の四角形をかきましょう。(10 × 2)

(1)　台形

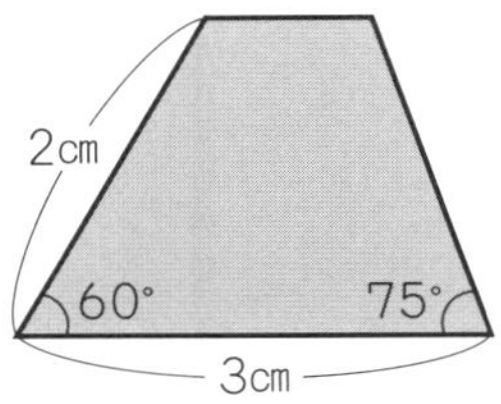

(2)　平行四辺形

(A3 141%・B4 122%拡大)

垂直平行と四角形

名前

1　同じ三角形を２まい使って，四角形を作ります。重ねないでできる四角形を，２種類《しゅるい》書きましょう。(10×4)

(1)　直角三角形

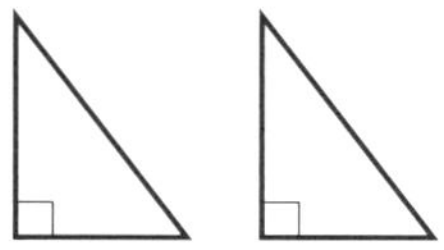

(2)　直角二等辺三角形

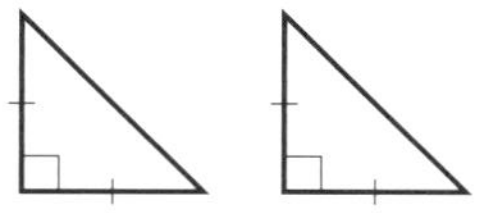

2　下の図のように折《お》り紙を折り，点線で切るとどんな四角形ができますか。(10×2)

(1)

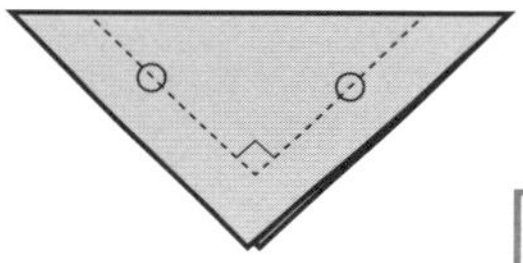

(2)　２回折ります。

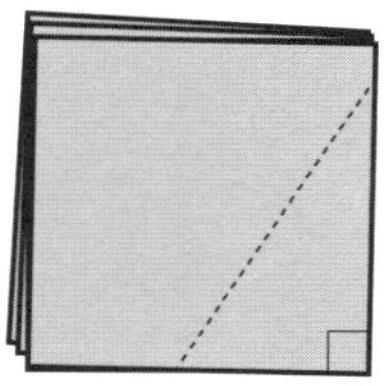

3　次のような対角線になる四角形の名前を書きましょう。(10×4)

(1)

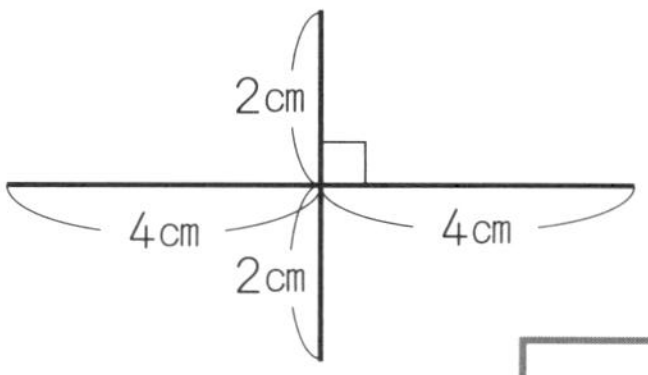

(2)

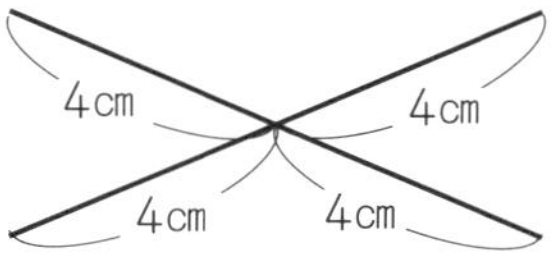

(3)

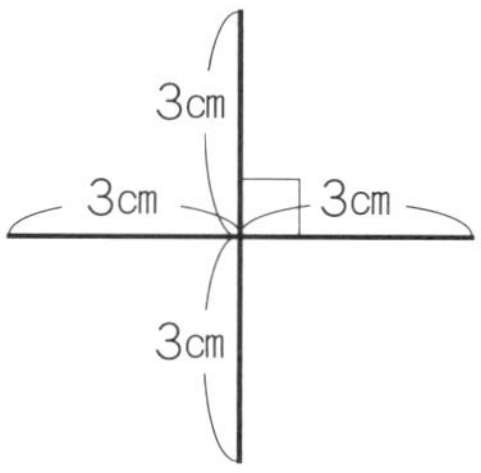

(4)

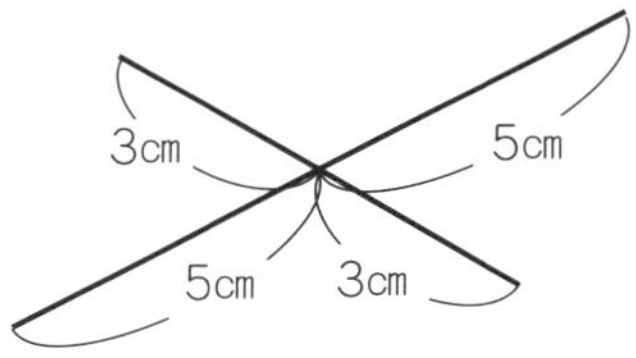

(A3 141%・B4 122%拡大)

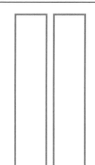

知識技能 B　　　　月　日

垂直平行と四角形

名前

1 (1)〜(6)にあてはまる図形を下から選《えら》んで，記号を書きましょう。(4×5)

(1) 4つの角がすべて等しい四角形

□□

(2) 向かい合った辺の1組が平行な四角形

□

(3) 向かい合った2組の辺が平行な四角形

□□□□

(4) 向かい合った角が等しいが直角でない四角形

□□

(5) 2本の対角線の長さが等しい四角形

□□

㋐台形　㋑平行四辺形　㋒ひし形
㋓長方形　㋔正方形

2 次の四角形の角度や辺の長さを求めましょう。(4×6)

(1)

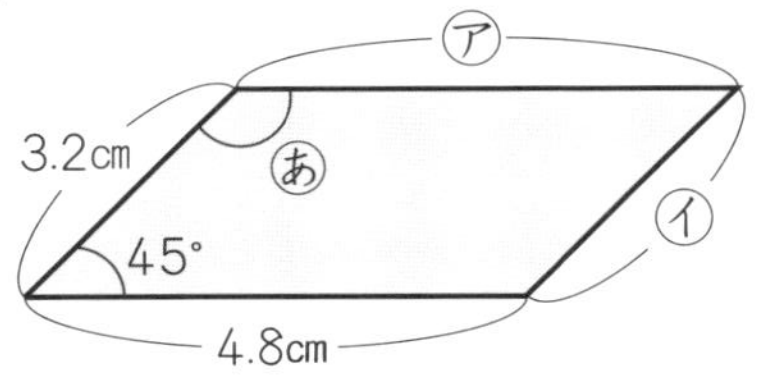

㋐ □ cm
㋑ □ cm
あ □ °

(2)

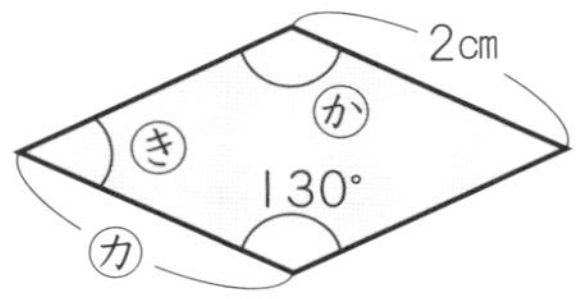

㋕ □ cm
か □ °
き □ °

3 四角形の特ちょうで正しいものには○，正しくないものには×を（　）に書きましょう。(5×6)

平行四辺形

（　）向かい合った角の大きさは等しい。

（　）となりあった2つの角をたすと100°である。

（　）向かい合った辺の長さは等しい。

ひし形

（　） 4つの辺の長さは等しい。

（　） 向かい合った角の大きさは等しい。

（　） 向かい合った辺は垂直《すいちょく》である。

4 下の平行な直線を使って，台形と平行四辺形を1つずつかきましょう。(5×2)

5 次の四角形をかきましょう。(8×2)

(1) 台形

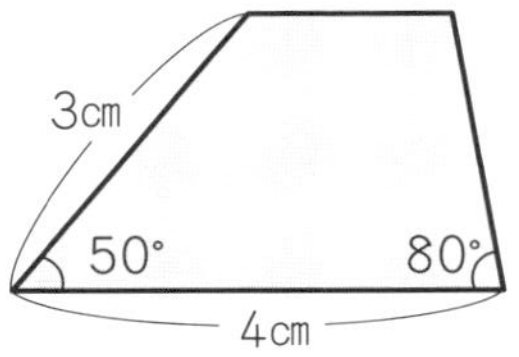

(2) 辺の長さが5cmと3cmで，その間の1つの角が60°の平行四辺形

垂直平行と四角形

名前

1 点A，B，Cを頂点とする平行四辺形を3つかきましょう。（10×3）

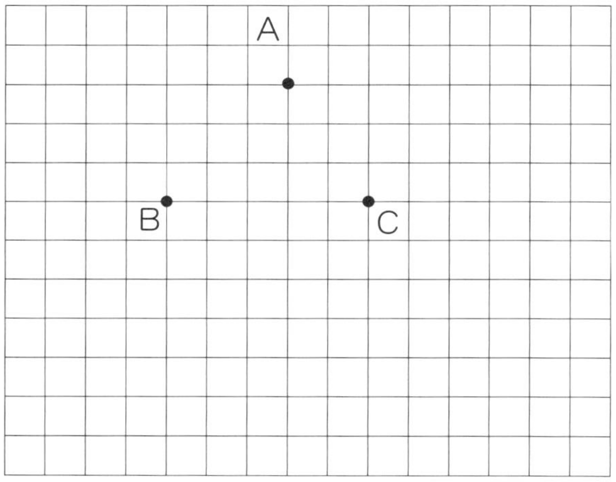

2 下の図のように，半径《はんけい》が等しい円を2つ交わるようにかき，交わった点と円の中心をつなぐと，どんな形ができますか。また，その理由を説明《せつめい》しましょう。

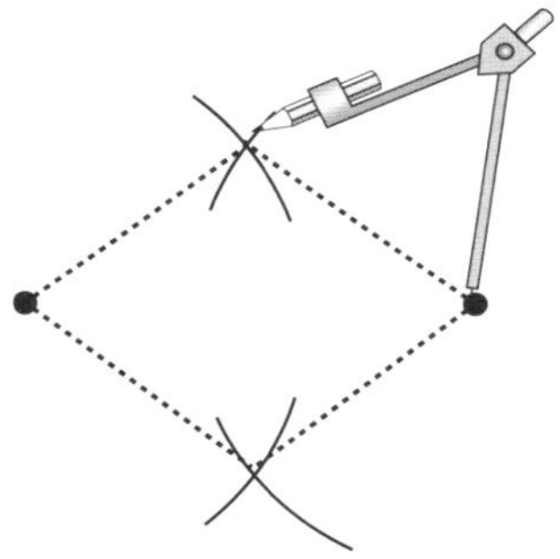

（5）

理由　（10）

3 対角線について表にまとめましょう。特《とく》ちょうがいつでもあてはまる場合は，○をつけましょう。（10×5各四角形で）

四角形の名前 ＼ 四角形の対角線の特ちょう	台形	平行四辺形	ひし形	長方形	正方形
2本の対角線の長さが等しい					
2本の対角線がそれぞれ真ん中の点で交わる					
2本の対角線が垂直《すいちょく》に交わる					

4 下の図のように，長方形に対角線をひいて4つ合わせました。図の中にある四角形を，すべて書きましょう。（5）

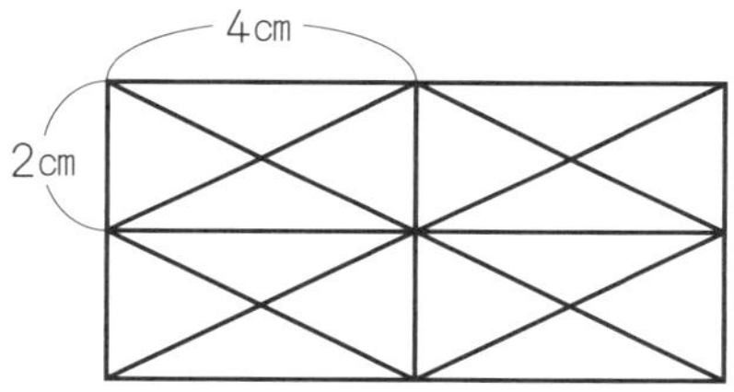

（A3 141%・B4 122%拡大）

　　　　月　　日

分　数

名前

1　□ にあてはまる言葉を書きましょう。(5 × 2)

$\frac{1}{2}$

(1)　線の下の数を □ といいます。

(2)　線の上の数を □ といいます。

2　色をぬった長さを分数で表しましょう。(5 × 4)

(1)

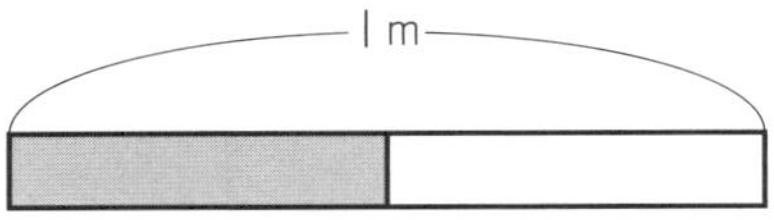

□ m

(2)

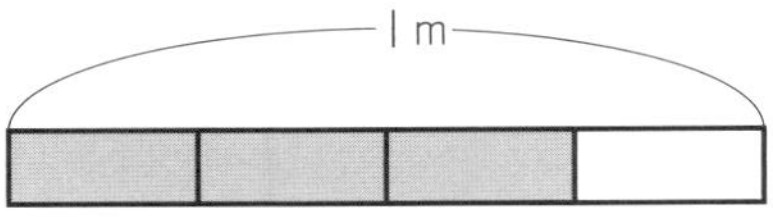

□ m

(3)

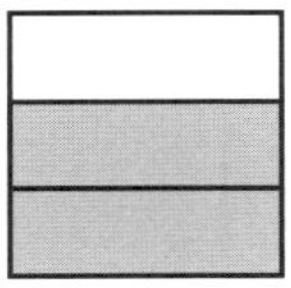

□ L

(4)

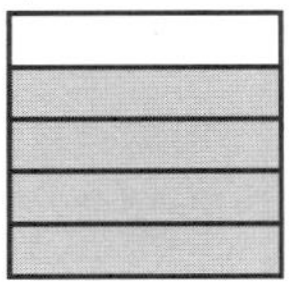

□ L

3　□ にあてはまる数を書きましょう。(5 × 4)

(1)　$\frac{2}{3}$ mは，$\frac{1}{3}$ mの □ こ分です。

(2)　$\frac{□}{□}$ Lは，$\frac{1}{5}$ Lの3こ分です。

(2)　$\frac{1}{4}$ Lの □ こ分は，1Lです。

(4)　1Lは $\frac{□}{□}$ Lの6こ分です。

4　どちらの数が大きいですか。□ に等号・不等号（＝,>,<）を入れましょう。(5 × 4)

(1)　$\frac{2}{5}$ □ $\frac{3}{5}$

(2)　1 □ $\frac{6}{7}$

(3)　0.6 □ $\frac{5}{10}$

(4)　$\frac{4}{10}$ □ 0.4

5　次の計算をしましょう。(5 × 6)

(1)　$\frac{3}{7}+\frac{2}{7}$

(2)　$\frac{3}{4}+\frac{1}{4}$

(3)　$\frac{3}{8}+\frac{5}{8}$

(4)　$\frac{7}{9}-\frac{2}{9}$

(5)　$1-\frac{1}{2}$

(6)　$1-\frac{2}{5}$

(A3 141%・B4 122%拡大)

月　日

分　数

名前

1　次の色をぬった部分の長さは，何mですか。帯分数《たいぶんすう》と仮《か》分数《ぶんすう》で表しましょう。(5 × 4)

(1)

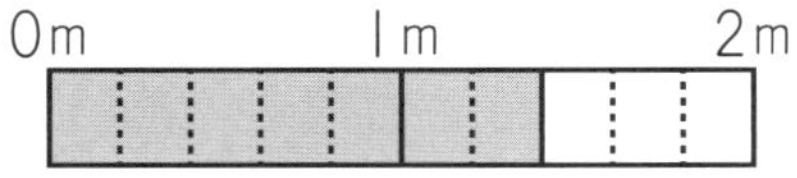

帯分数 □ m　仮分数 □ m

(2)

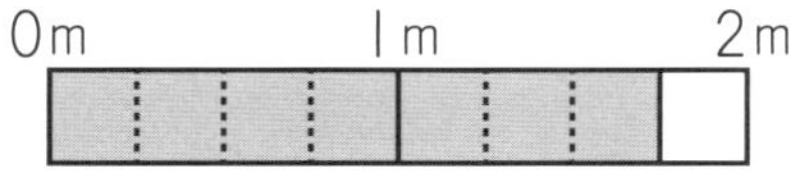

帯分数 □ m　仮分数 □ m

2　帯分数を仮分数にしましょう。(5 × 2)

(1) $2\frac{1}{3}$ □　(2) $3\frac{2}{5}$ □

3　仮分数を帯分数か整数にしましょう。(5 × 2)

(1) $\frac{11}{4}$ □　(2) $\frac{9}{3}$ □

4　下の数直線を見て答えましょう。(5 × 3)

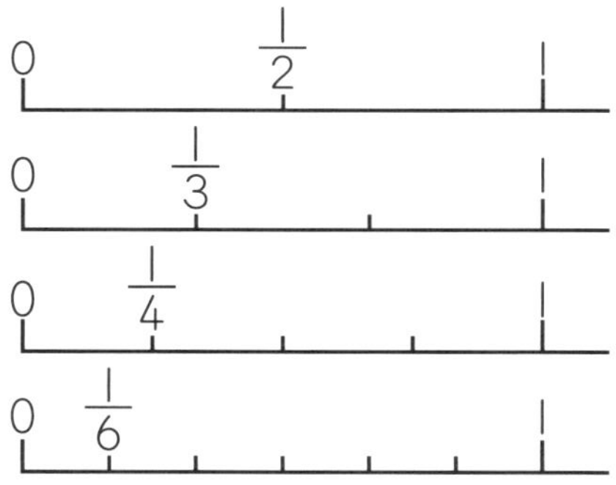

(1) $\frac{1}{3}$と等しい分数を，数直線からさがして書きましょう。

□

(2) $\frac{1}{2}$と等しい分数を，数直線からさがして書きましょう。

□ □

5　たし算をしましょう。(5 × 4)

(1) $\frac{4}{5}+\frac{2}{5}$

(2) $\frac{9}{7}+\frac{3}{7}$

(3) $2+1\frac{1}{6}$

(4) $2\frac{4}{5}+\frac{3}{5}$

6　ひき算をしましょう。(5 × 5)

(1) $\frac{11}{8}-\frac{3}{8}$

(2) $4\frac{5}{7}-\frac{2}{7}$

(3) $\frac{13}{5}-\frac{3}{5}$

(4) $1\frac{1}{8}-\frac{5}{8}$

(5) $3-1\frac{1}{3}$

(A3 141%・B4 122%拡大)

分　数

名前＿＿＿＿＿＿＿＿

1　$\frac{23}{4}$ を計算で帯分数にする方法を説明します。□ にあてはまる数を書きましょう。(5 × 4)

$\frac{1}{4}$ の □ こ分で 1 になるので，

□ ÷ 4 の計算をします。

計算をすると，□ あまり 3 になるので

$\frac{23}{4}$ を帯分数にすると，□ になります。

2　牛にゅうが，ビンに $1\frac{1}{5}$ L 入っています。パックには $\frac{4}{5}$ L 入っています。(10 × 4)

(1)　合わせると何 L になりますか。

式

答え＿＿＿＿＿＿＿＿

(2)　ビンとパックの量のちがいは，何 L ですか。

式

答え＿＿＿＿＿＿＿＿

3　$14\frac{7}{8}$ ㎡の土地があります。$5\frac{2}{8}$ ㎡を花畑にして，残りの土地を野菜畑にします。野菜畑は何㎡ですか。(10 × 2)

式

答え＿＿＿＿＿＿＿＿

4　$\frac{1}{2}$ L，$\frac{2}{4}$ L，$\frac{4}{8}$ L が等しいことを図にかき，言葉でも説明しましょう。(10 × 2)

(1)　$\frac{1}{2}$ L と $\frac{2}{4}$ L が等しいこと

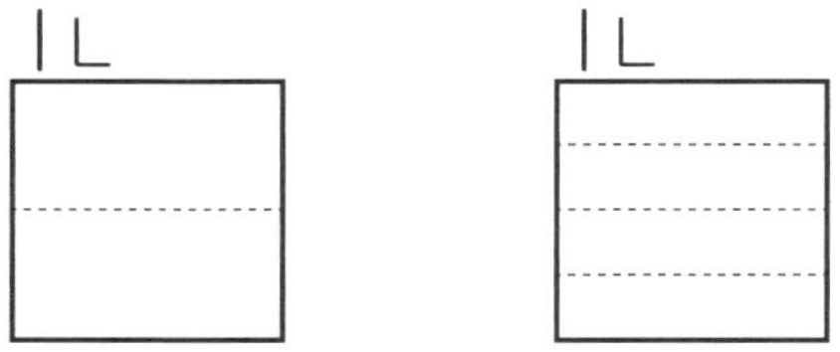

説明

(2)　$\frac{1}{2}$ L と $\frac{4}{8}$ L が等しいこと

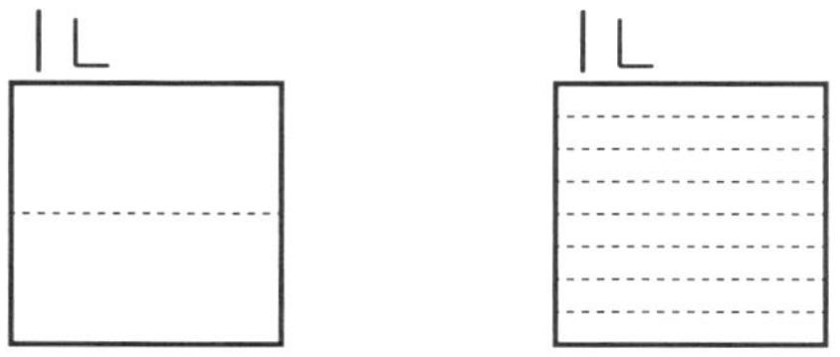

説明

(A3 141%・B4 122%拡大)

知識技能 B　　　　月　　日

分　数

名前

1　次の色をぬった部分の長さは，何 m ですか。帯分数《たいぶんすう》と仮分数《かぶんすう》で表しましょう。(4 × 4)

(1)

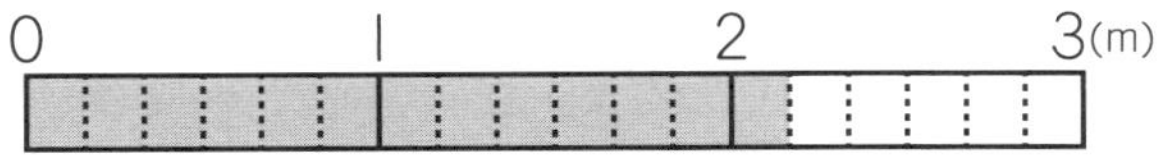

帯分数 □ m　　仮分数 □ m

(2)

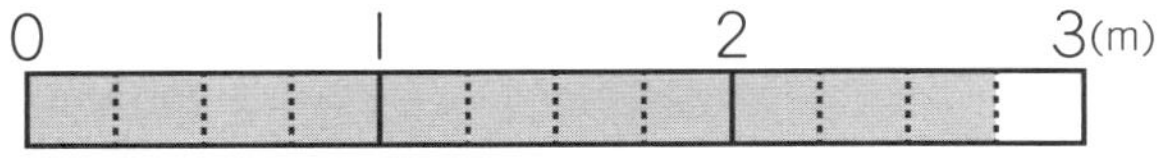

帯分数 □ m　　仮分数 □ m

2　帯分数を仮分数にしましょう。(4 × 2)

(1) $1\frac{4}{5}$ □　　(2) $2\frac{5}{12}$ □

3　仮分数を帯分数か整数にしましょう。(4 × 2)

(1) $\frac{24}{6}$ □　　(2) $\frac{45}{11}$ □

4　下の数直線を見て答えましょう。(4 × 2)

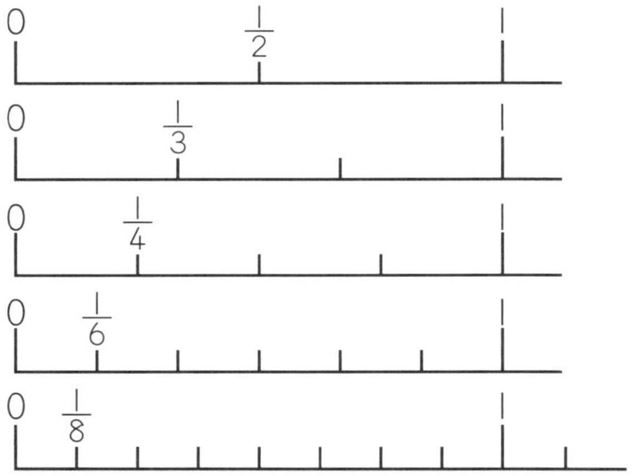

(1) $\frac{4}{6}$ と等しい分数を数直線からさがして書きましょう。

□

(2) $\frac{2}{4}$ と等しい分数を数直線からさがして書きましょう。

□ □ □

5　次の分数の大小を不等号を使って表しましょう。(4 × 3)

(1) $\frac{10}{7}$ □ $1\frac{2}{7}$　　(2) $3\frac{1}{3}$ □ $\frac{8}{3}$

(3) $\frac{41}{9}$ □ $4\frac{7}{9}$

6　たし算をしましょう。(4 × 6)

(1) $\frac{5}{7}+\frac{6}{7}$

(2) $1\frac{2}{5}+\frac{1}{5}$

(3) $\frac{3}{7}+1\frac{4}{7}$

(4) $5+1\frac{4}{5}$

(5) $2\frac{7}{9}+\frac{8}{9}$

(6) $1\frac{4}{5}+1\frac{3}{5}$

7　ひき算をしましょう。(4 × 6)

(1) $\frac{11}{5}-\frac{7}{5}$

(2) $\frac{11}{3}-\frac{2}{3}$

(3) $3\frac{5}{7}-\frac{2}{7}$

(4) $5\frac{3}{4}-\frac{3}{4}$

(5) $3\frac{2}{5}-\frac{4}{5}$

(6) $4-1\frac{3}{4}$

　月　日

分　数

名前

1 $\frac{25}{7}$を計算で帯分数《たいぶんすう》にする方法《ほうほう》を説明《せつめい》します。□にあてはまる数を書きましょう。(5×5)

$\frac{1}{7}$は□こ分で１になるので，

□÷□の計算をします。

計算をすると，□あまり４になるので

$\frac{25}{7}$を帯分数にすると，□になります。

2 $4\frac{2}{9}$を計算で仮分数にする方法を説明します。□にあてはまる数を書きましょう。(5×5)

$\frac{1}{9}$は□こ分で１になるので，

９×□＝36の計算をします。

36に□をたした数が分子です。

$4\frac{2}{9}$を仮分数にすると□になります。

3 Ａのリボンは$5\frac{4}{5}$ｍです。

Ｂのリボンは$8\frac{1}{5}$ｍです。(5×4)

(1) ＡとＢの長さのちがいは，何ｍですか。

式

答え

(2) ２本のリボンをつなぐと何ｍになりますか。

式

答え

4 布が４㎡ありました。$2\frac{2}{3}$㎡使いました。布は何㎡残っていますか。(5×2)

式

答え

5 $\frac{2}{3}$Ｌ，$\frac{4}{6}$Ｌ，$\frac{6}{9}$Ｌが等しいことを図にかき，言葉でも説明しましょう。(10×2)

(1) $\frac{2}{3}$Ｌと$\frac{4}{6}$Ｌが等しいこと

１Ｌ　１Ｌ

説明

(2) $\frac{2}{3}$Ｌと$\frac{6}{9}$Ｌが等しいこと

１Ｌ　１Ｌ

説明

(A3 141%・B4 122%拡大)

月　　日

変わり方調べ

名前

1 高さ 2cmの積木《つみき》を下の図のように積んだときの高さを求《もと》めましょう。(5 × 8)

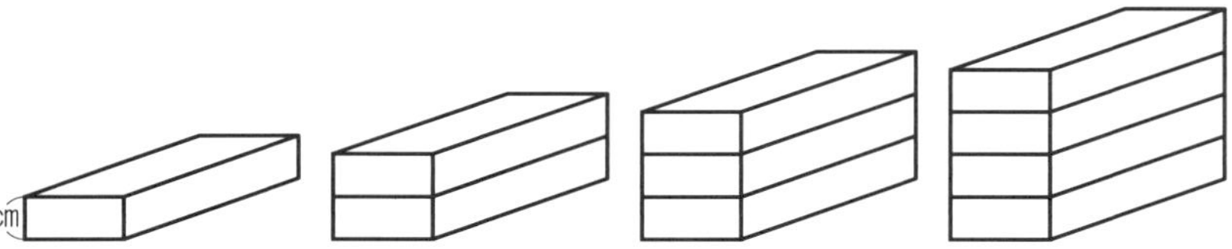

(1) 1このとき

式

答え

(2) 2このとき

式

答え

(3) 3このとき

式

答え

(4) 4このとき

式

答え

2 下の図形のまわりの長さを求めましょう。(5 × 8)

(1) 長方形

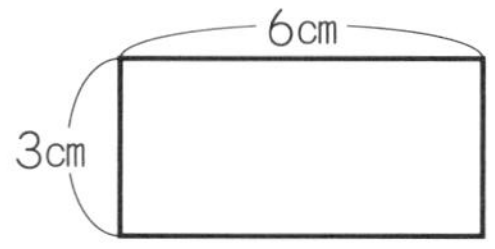

式

答え

(2) 正方形　1辺が 3cm

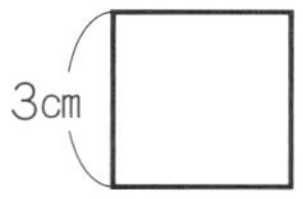

式

答え

(3) 正三角形 1こ

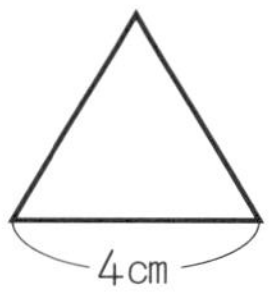

式

答え

(4) 正三角形 2こ

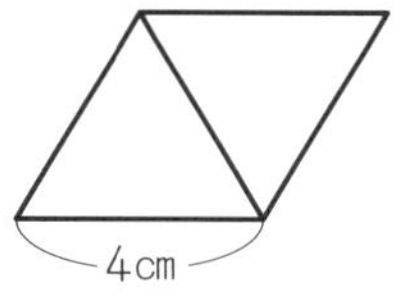

式

答え

3 わからない数を□として式に表し，□の数を求めましょう。(5 × 4)

(1) 150gのかごに□gのみかんを入れると，全体で 450gになりました。

式

答え

(2) あめが□こずつ入った箱が 4 箱あります。あめは全部で 32 こです。

式

答え

(A3 141%・B4 122%拡大)

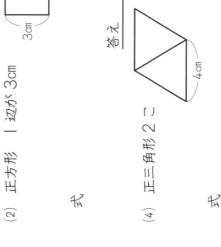

知識技能A　　　　月　　日

変わり方調べ

名前

□1　90まいある紙を毎日，10まいずつ使います。使ったまい数と残《のこ》りのまい数の関係《かんけい》を，表に表しましょう。(5×4)

使ったまい数と残りのまい数

使ったまい数(まい)	10	20	30		50	
残りのまい数(まい)	80	70		50		30

□2　下のように，ひごを使って正三角形をならべていきます。三角形の数とまわりのひごの本数の関係を，表に表しましょう。(5×4)

三角形のこ数とまわりのひごの本数

三角形の数(こ)	1	2	3		5	6
ひごの数(本)	3			6	7	

□3　1だんの高さが20cmの階だんがあります。階だんの数と下からの高さの関係を，表に表しましょう。(5×4)

階だんの数と下からの高さ

階だんの数(だん)	1	2	3	4	5	6
下からの高さ(cm)	20	40				

□4　下のように，長さ1cmのひごを14本使って長方形を作ります。長方形のたての長さと横の長さの関係を，表に表しましょう。(5×4)

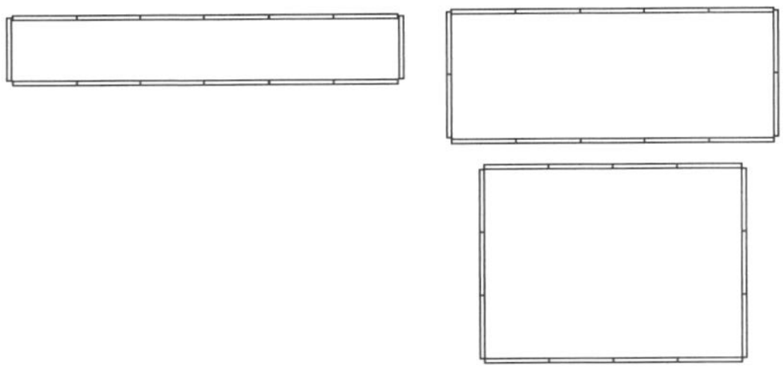

長方形のたての長さと横の長さ

たての長さ(cm)	1	2	3		5	6
横の長さ(cm)	6		4	3		

□5　たての長さを4cmと決めて，横の長さを変えて長方形を作ります。長方形の横の長さと面積の関係を，表に表しましょう。(5×4)

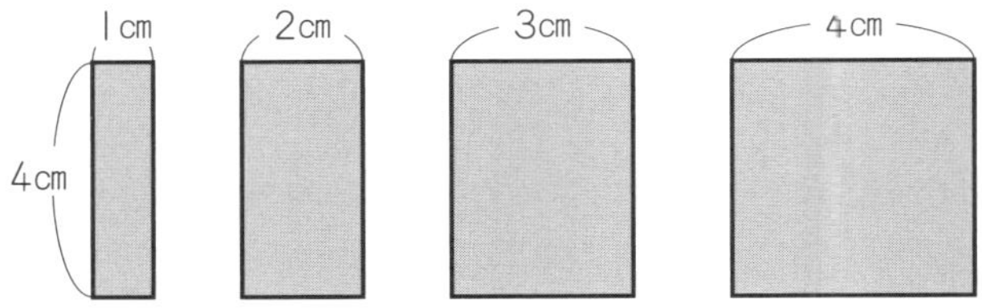

長方形の横の長さと面積

横の長さ(cm)	1	2	3	4	5	6
面　積(cm^2)			12	16		

(A3 141%・B4 122%拡大)

月　日

変わり方調べ

名前

1　高さが6cmのレンガを下の図のように積みます。

1だん　2だん　3だん　4だん

(1)　レンガのだん数と高さの関係《かんけい》を，表に表しましょう。(完答10)

レンガのだんの数と高さ

だん数(だん)	1	2	3	4	5	6
高　さ(cm)	6	12	18			

(2)　だんの数を□，高さを○にして式に表します。□にあてはまる数を書きましょう。(5)

□×□＝○

(3)　だんの数が8だんのとき，高さは何cmですか。(5×2)

式

答え

(4)　だんの数が12だんのとき，高さは何cmですか。(5×2)

式

答え

(5)　高さが90cmのとき，だんの数は何だんですか。(5×2)

式

答え

2　24こあめがありました。食べた数と残《のこ》っている数を調べます。

(1)　食べた数と残っている数の関係を，表に表しましょう。(完答10)

食べたこ数と残っているこ数

食べたこ数(こ)	1	2	3	4	5	6
残っている数(こ)	23	22	21			

(2)　食べた数を□，残っている数を○にして式に表します。□にあてはまる数を書きましょう。(5)

□＋○＝□

(3)　食べた数が9このとき，残っている数は何こですか。(5×2)

式

答え

(4)　残っている数が12このとき，食べた数は何こですか。(5×2)

式

答え

3　長さ1cmのぼうを24本使って長方形を作ります。

(1)　長方形のたての長さと横の長さの関係を，表に表しましょう。(完答10)

長方形のたての長さと横の長さ

たての長さ(cm)	1	2	3	4	5	6
横の長さ(cm)	11	10	9			

(2)　たての本数を□，横の本数を○にして式に表しましょう。(10)

(A3 141%・B4 122%拡大)

月　日

変わり方調べ

名前

1　下のように1辺が1cmの正方形をならべます。だんの数とまわりの長さの関係《かんけい》を，表に表しましょう。(4×5)

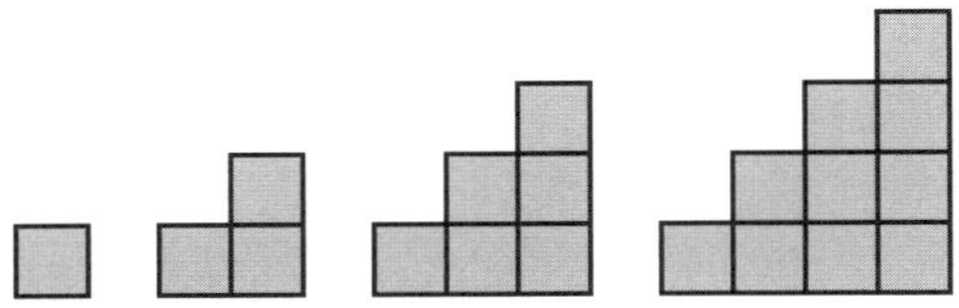

1だん　2だん　3だん　4だん

だんの数とまわりの長さ

だんの数(だん)	1	2	3	4	5	6
まわりの長さ(cm)	4					

2　まわりの長さが20cmの長方形のたての長さと横の長さの関係を，表に表しましょう。(4×5)

たての長さと横の長さ

たての長さ(cm)	1	2	3	4	5	6
横の長さ(cm)	9					

3　下の図のように1辺が1cmの正三角形をならべます。正三角形の数とまわりの長さの関係を，表に表しましょう。(4×5)

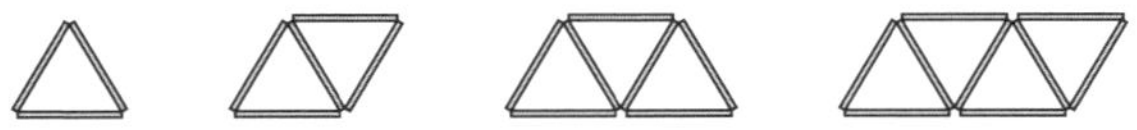

正三角形とまわりの長さ

正三角形の数(こ)	1	2	3	4	5	6
まわりの長さ(cm)	3					

4　バケツで1回に2Lずつ，水そうに水を入れます。水を入れる回数とたまった水の量《りょう》の関係を，表に表しましょう。(4×5)

水を入れる回数とたまった水の量

水を入れる回数(回)	1	2	3	4	5	6
たまった水の量(L)	2					

5　下の図のように，三角形のテーブルに人がすわります。テーブルの数とすわる人数の関係を，表に表しましょう。(4×5)

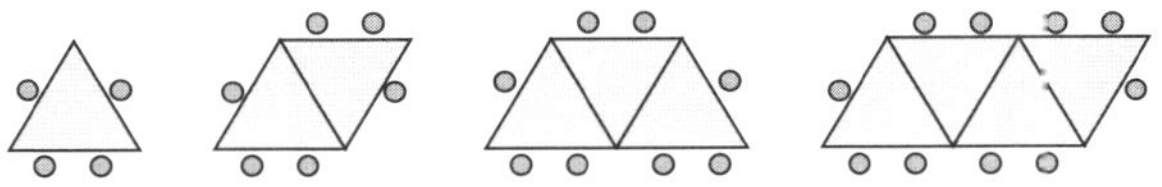

テーブルの数とすわる人数

テーブルの数(きゃく)	1	2	3	4	5	6
すわる人数(人)	4					

(A3 141%・B4 122%拡大)

月　　日

変わり方調べ

名前

□1 Ⅰ辺がⅠcmのひごを使って，下の図のように正三角形をならべていきます。(5×6)

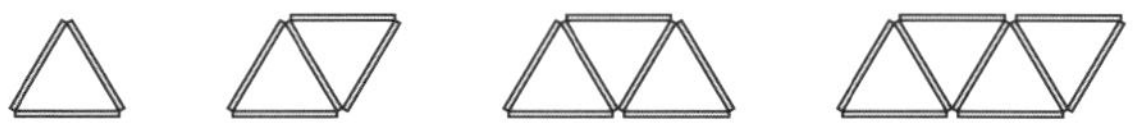

(1) 正三角形の数とまわりの長さの関係《かんけい》を，表に表しましょう。

正三角形のこ数とまわりの長さ

正三角形の数(こ)	1	2	3	4	5	6
まわりの長さ(cm)	3	4	5			

(2) 正三角形の数を□，まわりの長さを○にして式に表しましょう。

(3) 正三角形の数□が10このとき，まわりの長さ○は何cmですか。

式

答え

□2 Ⅰ辺がⅠcmの正三角形で，ピラミッドの形を作っていきます。(5×4)

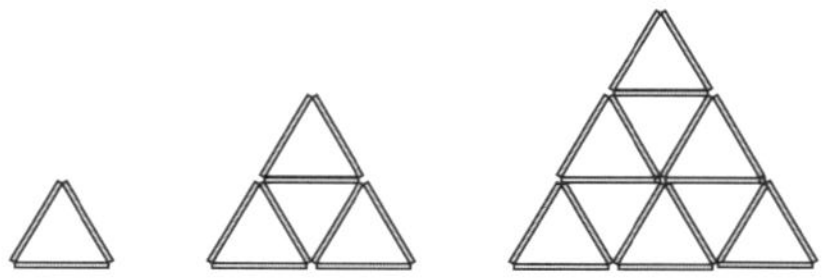

1だん　2だん　3だん

(1) だんの数とまわりの長さの関係を，表に表しましょう。

だんの数とまわりの長さ

だんの数(だん)	1	2	3	4	5	6
まわりの長さ(cm)	3	6	9			

(2) だんの数を□，まわりの長さを○にして式に表しましょう。

□3 水そうに水を入れたときの時間と，水の深さについて考えましょう。

(1) Ⅰ分間に2cmずつ水が深くなります。表に表しましょう。(5×3)

水を入れた時間と深さ

時間(分)	0	1	2	3	4	5
深さ(cm)	0	2	4			

(2) 水を入れた時間を□，水の深さを○にして式に表しましょう。(5)

(3) 水を入れた時間と，水の深さの関係を折《お》れ線グラフに表しましょう。(10)

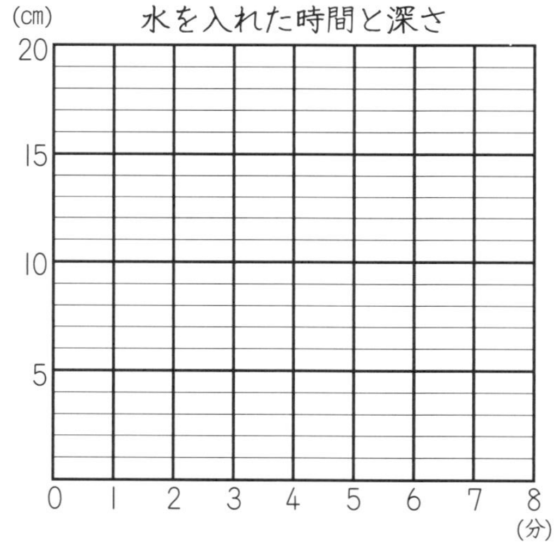

(4) 10分では，深さは何cmになりますか。(5×2)

式

答え

(5) 深さが30cmになるには，何分かかりますか。(5×2)

式

答え

(A3 141%・B4 122%拡大)

学習準備　　　　　　月　　日

面　積

名前

1　それぞれ，どちらの図形の方が広いですか。その理由も書きましょう。(10×8)

(1)　同じ大きさの正方形のしきつめ

ア

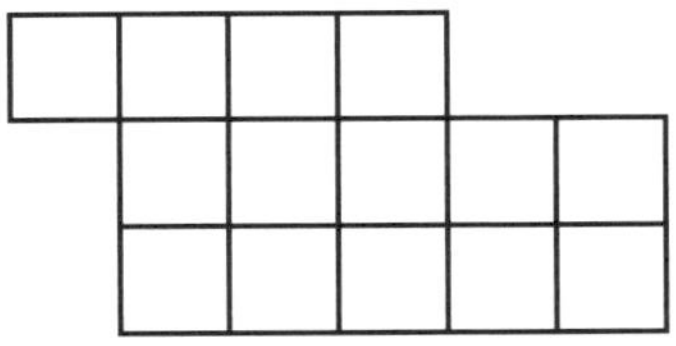

イ

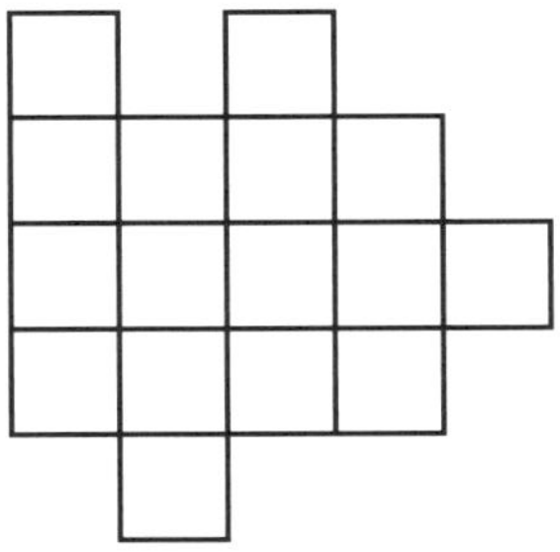

□の方が広い

理由

(2)　同じ大きさの三角形のしきつめ

カ

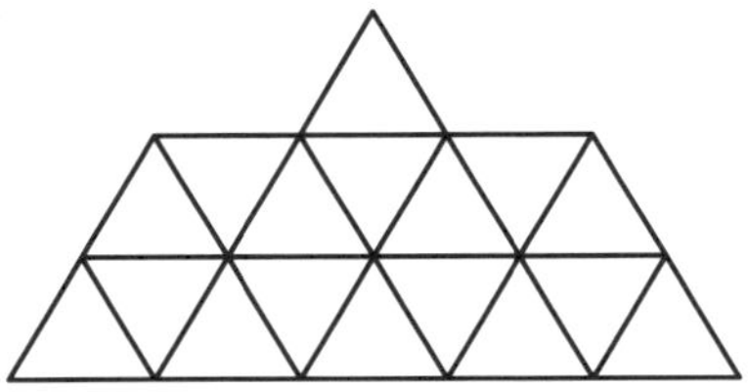

キ

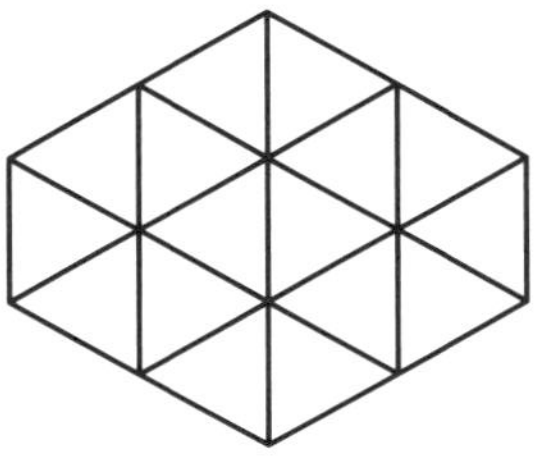

□の方が広い

理由

(3)　たての長さが等しい長方形

サ　　　シ

□の方が広い

理由

(4)　１ますの大きさが等しい方がんにかいた長方形

タ

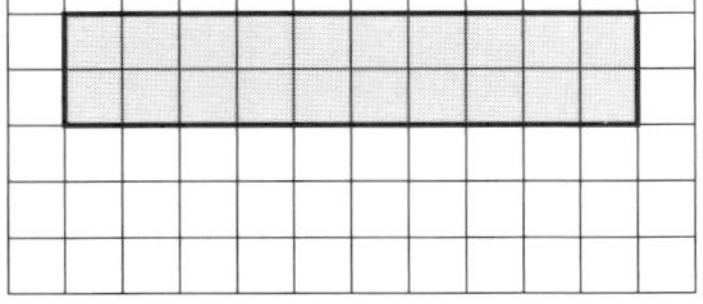

チ

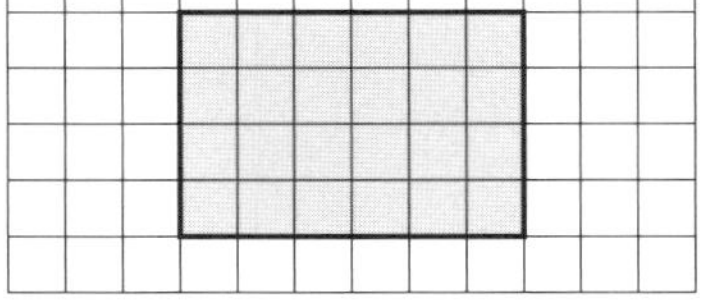

□の方が広い

理由

2　□にあてはまる数を書きましょう。(5×4)

(1)　１cm＝□mm

(2)　１m＝□cm

(3)　１km＝□m

(4)　１m50cm＝□cm

(A3 141%・B4 122%拡大)

知識技能 A　　　　月　　日

面　積

名前 ______

1　面積を求める公式を書きましょう。(5 × 2)

(1)　長方形の面積

[　　　　]

(2)　正方形の面積

[　　　　]

2　次の面積を表すのにあてはまる面積の単位を（cm², m², km²）から選んで書きましょう。(5 × 3)

(1)　はがきの面積　150 [　　]

(2)　教室の面積　72 [　　]

(3)　福岡県の面積　4986 [　　]

3　長方形や正方形の面積を求めましょう。(5 × 6)

(1)　長方形

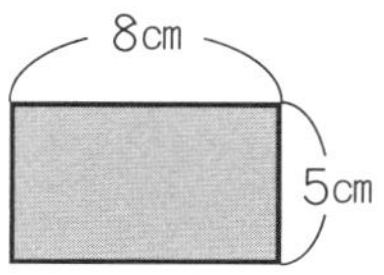

式

答え ______

(2)　正方形

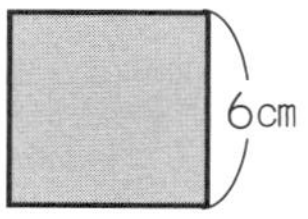

式

答え ______

(3)　たて 14cm, 横 25cmの長方形の面積

式

答え ______

4　たて 20m, 横 30m の畑があります。(5 × 3)

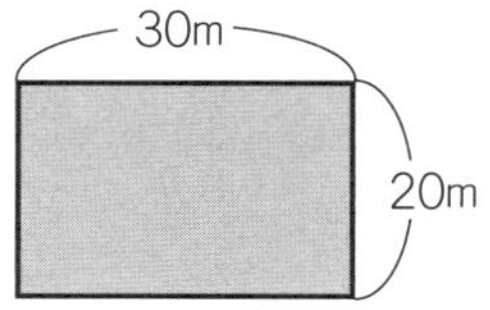

(1)　この畑の面積は，何m²ですか。

式

答え ______

(2)　この畑の面積は，何 a ですか。

答え ______

5　南北に 2km, 東西に 4kmの長方形の土地の面積を求めましょう。(5 × 2)

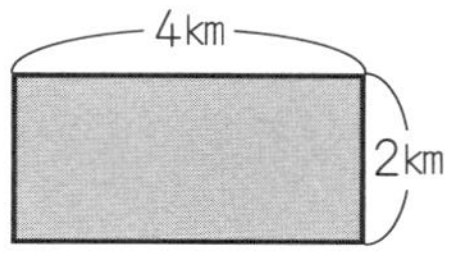

式

答え ______

6　[　]にあてはまる数を書きましょう。(5 × 2)

1 m² = [　　　　] cm²

1 a = [　　　　] m²

7　下の長方形のたての長さを求めましょう。(5 × 2)

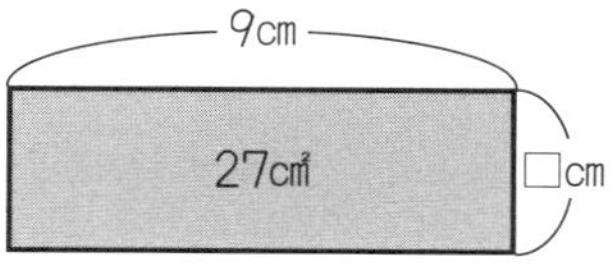

式

答え ______

　　　　月　　日

面　積

名前

1　色のついた部分の面積《めんせき》を求《もと》めましょう。（10×6）

(1)

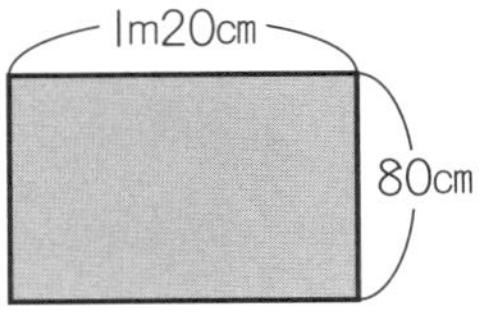

式

答え

(2)

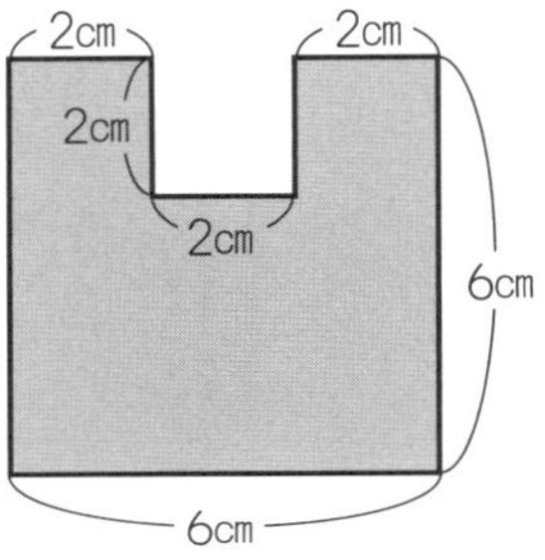

式

答え

(3)

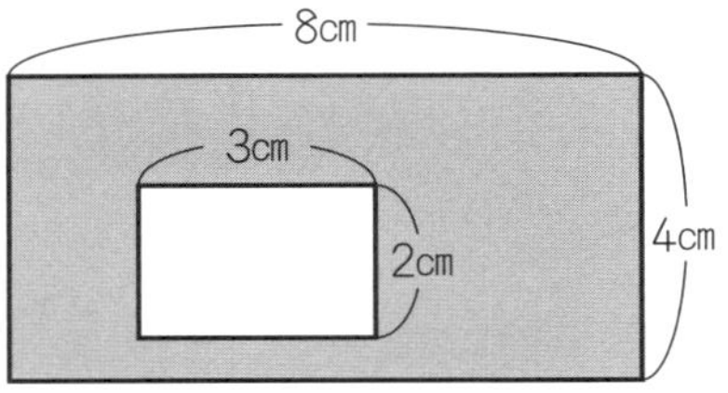

式

答え

2　下の図形の面積を，２通りの方法で求めましょう。また，その考え方が分かるように，図を使って説明《せつめい》しましょう。（それぞれ式５答え５考え方10）

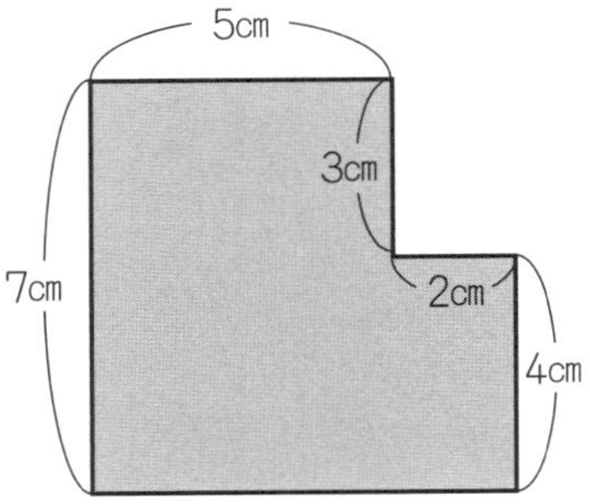

(1)　１つめの方法

式

答え

考え方

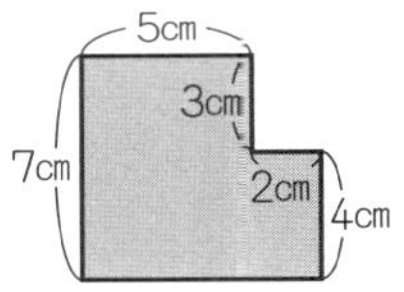

(2)　２つめの方法

式

答え

考え方

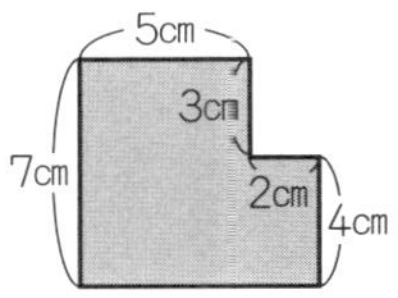

（A3 141%・B4 122%拡大）

月　日

面　積

名前

1　次の面積《めんせき》を表すのにあてはまる面積の単位《たんい》を（cm², m², km²）から選《えら》んで書きましょう。（4×5）

（1）手の平の面積　□

（2）都道府県《とどうふけん》の面積　□

（3）国の面積　□

（4）教科書の面積　□

（5）部屋の面積　□

2　次の長方形や正方形の面積を求めましょう。（4×6）

（1）長方形

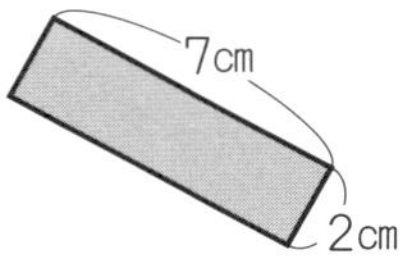

式

答え

（2）1辺が12cmの正方形

式

答え

（3）たて15cm，横18cmの長方形

式

答え

3　□にあてはまる数を書きましょう。（4×4）

（1）1m²＝□cm²

（2）1a＝□m²

（3）1ha＝□m²

（4）1km²＝□m²

4　たて20m，横60mの長方形の畑があります。（4×3）

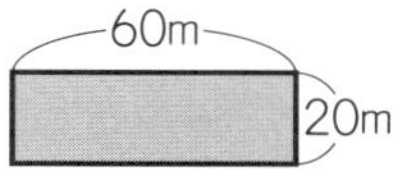

（1）この畑の面積は，何m²ですか。

式

答え

（2）この畑の面積は，何aですか。

答え

5　南北に2km，東西に3kmの長方形の森林があります。（4×3）

（1）この森林の面積は，何km²ですか。

式

答え

（2）この森林の面積は，何m²ですか。

答え

6　次の長方形の横の長さを求めましょう。（4×4）

（1）

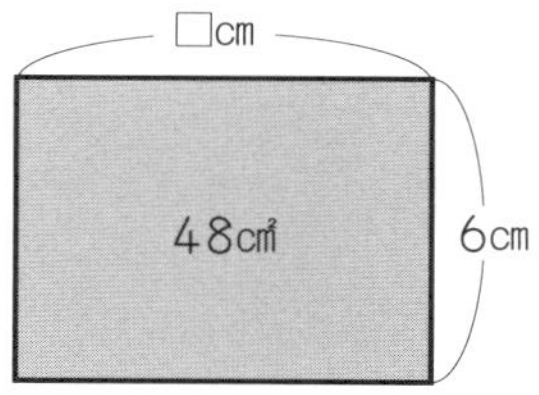

式

答え

（2）長方形の面積が126m²です。たてが9mで，横は□mです。

式

答え

（A3 141%・B4 122%拡大）

思考判断表現 B　　　　　　　　　　　　　　　　月　　日

面　積

名前

1　次の色のついた部分の面積を求めましょう。（10×6）

（1）

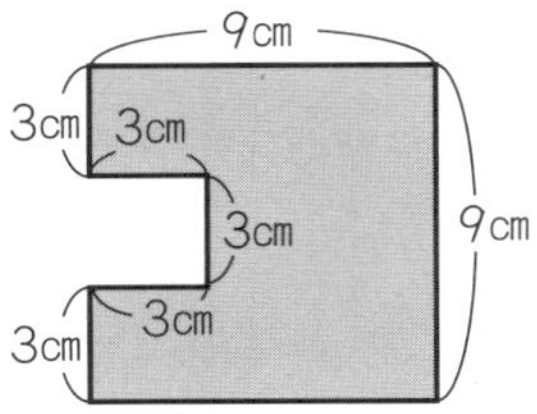

式

答え

（2）

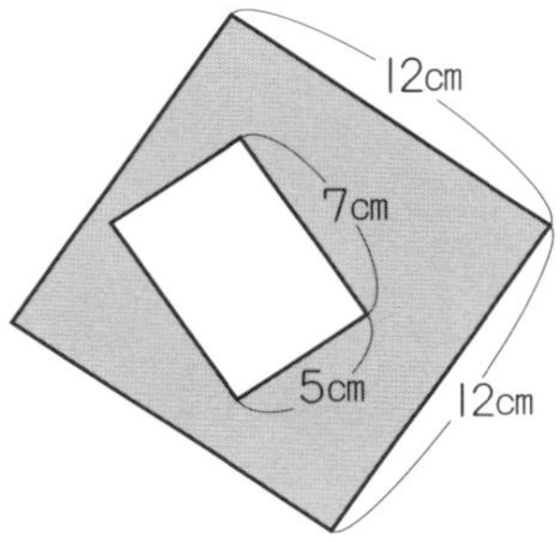

式

答え

（3）

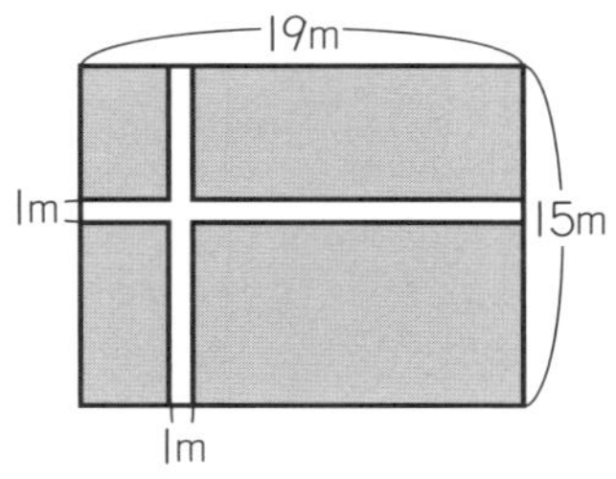

1mはばの道がたてと横に通っている土地の面積

式

答え

2　下の図形の面積を求めます。（10×4）

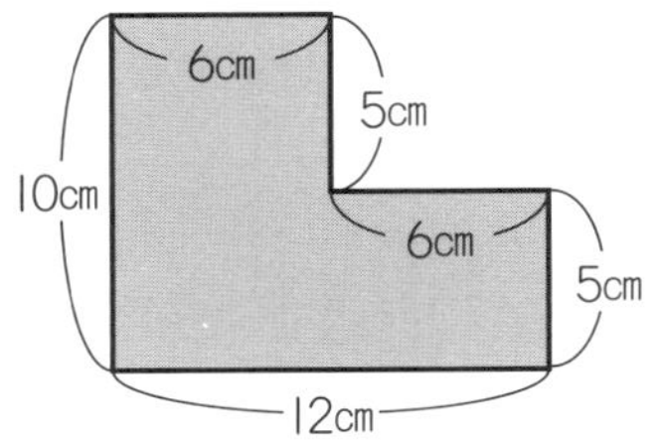

（1）下の式の考え方を説明《せつめい》しましょう。

10+5=15
15×6=90　90㎠

説明

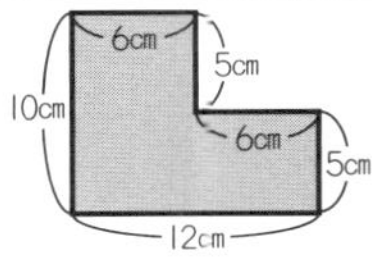

（2）下の式の考え方を説明しましょう。

5×6×3=90
90㎠

説明

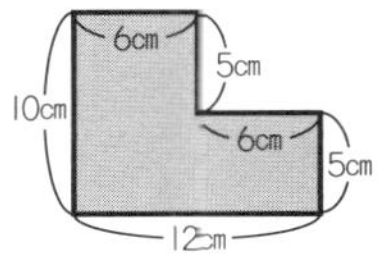

（3）下の図ように，大きな長方形から，小さな長方形の面積をひく方法で求めましょう。

式

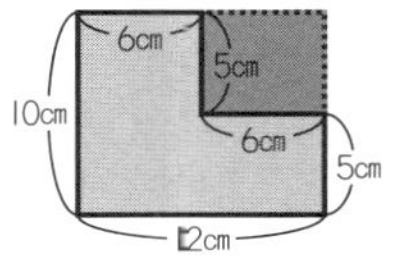

答え

（A3 141%・B4 122%拡大）

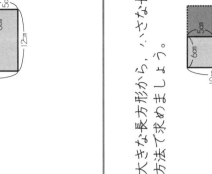

学習準備　　　　月　日

小数のかけ算わり算

名前

1 筆算で計算しましょう。(5×8)

(1) 34 × 6

(2) 24 × 35

(3) 78 × 65

(4) 306 × 75

(5) 96 ÷ 4

(6) 255 ÷ 3

(7) 221 ÷ 36

(8) 982 ÷ 27

2 □ にあてはまる数を書きましょう。(5×4)

(1) 2.7は0.1を □ こ集めた数です。

(2) 2.7は0.01を □ こ集めた数です。

(3) 0.01を73こ集めた数は □ です。

(4) 0.01を857こ集めた数は □ です。

3 次の数を書きましょう。(5×8)

(1) 0.8を10倍した数 □

(2) 0.73を100倍した数 □

(3) 0.6を100倍した数 □

(4) 2.6を1000倍した数 □

(5) 2.8を$\frac{1}{10}$にした数 □

(6) 6.4を$\frac{1}{100}$にした数 □

(7) 57.4を$\frac{1}{100}$にした数 □

(8) 7を$\frac{1}{100}$にした数 □

(A3 141%・B4 122%拡大)

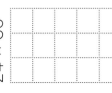

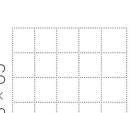

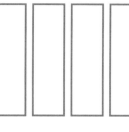

月　日

小数のかけ算わり算

名前

1　1.5 × 3 の計算方法を考えます。0.1 の何こ分になるかで考えましょう。(5 × 4)

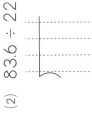

1.5 は 0.1 を □ こ集めた数です。

1.5 × 3 を 0.1 をもとにして考えます。

15 × 3 = □

0.1 が □ こ分になるので，

答えは □ です。

2　2.4 ÷ 3 の計算方法を考えます。0.1 の何こ分になるかで考えましょう。(5 × 4)

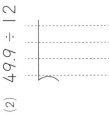

2.4 は 0.1 を □ こ集めた数です。

2.4 ÷ 3 を 0.1 をもとにして考えます。

24 ÷ 3 = □

0.1 が □ こ分になるので，

答えは □ です。

3　筆算で計算しましょう。(5 × 4)

(1) 9.3 × 6　(2) 4.6 × 5

(3) 5.32 × 7　(4) 2.93 × 38

4　わり切れるまで計算しましょう。(5 × 4)

(1) 9.5 ÷ 5　(2) 83.6 ÷ 22

(3) 44.2 ÷ 13　(4) 1.5 ÷ 6

5　商は一の位《くらい》まで求め，あまりも出しましょう。(5 × 2)

(1) 17.4 ÷ 3　(2) 49.9 ÷ 12

6　商は四捨五入《ししゃごにゅう》して，$\frac{1}{10}$の位までのがい数で表しましょう。(5 × 2)

(1) 38.4 ÷ 7　(2) 27.7 ÷ 34

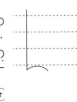

(A3 141%・B4 122%拡大)

月　日

小数のかけ算わり算

名前

1　1まいの重さが 0.75kgの板が 8 まいあります。重さは全部で何kgになりますか。(10×2)

式

答え

2　同じ量入っているジュースが 6 本，全部で 7.5L あります。1 本分のジュースは，何 L ですか。(10×2)

式

答え

3　16.8mのリボンから，1 本 3m のリボンは何本とれますか。また，あまりは何 m になりますか。(10×2)

式

答え

4　3m で 16.1kgのパイプがあります。このパイプ 1m の重さは何kgですか。商は四捨五入《ししゃごにゅう》して，$\frac{1}{10}$の位《くらい》までのがい数で表しましょう。(10×2)

式

答え

5　次の計算は正しくできていますか。正しい場合は○を，まちがっている場合は×を（　）に書きましょう。

また，まちがっている場合は正しい答えを □ に書きましょう。(5×4)

(1)（　　）

```
   2.25
 ×   16
  1350
  225
  3.600
```

□

(2)（　　）

```
   0.67
 ×   89
    603
   536
  59.63
```

□

(3)（　　）

```
    15
 4)6
   4
   20
   20
    0
```

□

(4)（　　）

```
    84
 5)42
   40
    20
    20
     0
```

□

(A3 141%・B4 122%拡大)

月　　日

小数のかけ算わり算

名前

1 かけ算を筆算でしましょう。(4 × 8)

(1) 17.5 × 4　(2) 8.4 × 52

(3) 26.5 × 79　(4) 83.7 × 60

(5) 0.19 × 2　(6) 3.75 × 8

(7) 5.62 × 53　(8) 7.85 × 76

2 わり算を筆算でしましょう。(5 × 4)

(1) 57.6 ÷ 6　(2) 89.6 ÷ 28

(3) 19.2 ÷ 24　(4) 4.86 ÷ 18

3 わり切れるまで計算しましょう。(5 × 4)

(1) 9.8 ÷ 4　(2) 0.7 ÷ 5

(3) 39.6 ÷ 24　(4) 4.2 ÷ 56

4 商は一の位まで求め，あまりも出しましょう。また，けん算もしましょう。(4 × 2，検算 4 × 2)

(1) 25.1 ÷ 4　(2) 46.5 ÷ 13

けん算　4×

けん算　13×

5 商は$\frac{1}{10}$の位《くらい》までのがい数で表しましょう。(4 × 3)

(1) 1.7 ÷ 3　(2) 38.1 ÷ 9　(3) 55.9 ÷ 28

(A3 141%・B4 122%拡大)

月　日

小数のかけ算わり算

名前

1　22.5mのロープがあります。(5×4)

(1)　5等分すると，1本の長さは何mになりますか。

式

答え

(2)　5mずつに切ると，何本できて何mあまりますか。

式

答え

2　1周《しゅう》が0.85kmのコースを6周走りました。何km走りましたか。(5×2)

式

答え

3　1mの重さが24gの針金があります。この針金88.8gでは，何mありますか。(5×2)

式

答え

4　4.2Lのお茶を9人で分けます。1人分は何Lになりますか。$\frac{1}{10}$の位までのがい数で表しましょう。(5×2)

式

答え

5　家の花だんは5.2m²です。公園の花だんは家の4倍あります。公園の花だんは，何m²ですか。(5×2)

式

答え

6　下のような3本のリボンがあります。(5×4)

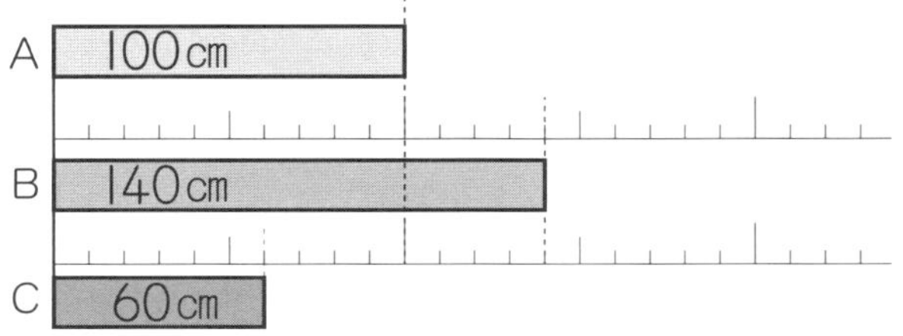

(1)　Bの長さは，Aの何倍ですか。

式

答え

(2)　Cの長さは，Aの何倍ですか。

式

答え

7　次の計算はまちがっています。正しい答えを□に書きましょう。(5×4)

(1)
```
   7.5
×   4
 3.0̸0̸
```
□

(2)
```
  0.1 6
×     3
    4.8
```
□

(3)
```
      0.3
13)0.39
     39
      0
```
□

(4)
```
    7
5)37.6
  35
   2 6
```
7あまり26

□

(A3 141%・B4 122%拡大)

知識技能A

月　日

資料の整理

名前

1　下の表は，A小学校の１週間のけがの記録《ろく》です。

学年	場所	けがの種類	学年	場所	けがの種類
5	運動場	すりきず	6	運動場	すりきず
4	体育館	打ぼく	2	ろう下	打ぼく
4	教　室	切りきず	3	運動場	切りきず
1	運動場	打ぼく	2	体育館	打ぼく
2	運動場	切りきず	4	運動場	切りきず
3	体育館	打ぼく	5	教室	打ぼく
5	ろう下	打ぼく	3	ろう下	すりきず
2	運動場	すりきず	6	運動場	すりきず
3	ろう下	打ぼく	1	教室	打ぼく
4	体育館	すりきず	2	体育館	すりきず

(1)　けがをした場所とけがの種類《しゅるい》の２つのことがらを，１つの表にまとめてかきましょう。(5×5 横一列)

けがをした場所と種類　(人)

種類／場所	切りきず	すりきず	打ぼく	合計
運動場				
体育館				
教　室				
ろう下				
合計(人)				

(2)　どこでけがをする人が，いちばん多いですか。(5)

(3)　何の種類のけがをする人が，いちばん多いですか。(5)

(4)　どこで何の種類のけがをする人が，いちばん多いですか。(5)

(5)　教室でけがをしたのは，何人ですか。(5)

(6)　ろう下で打ぼくのけがをした人は，何人ですか。(5)

2　下の表はたかこさんの学校の，１ヶ月のけがの記録を，２つのことがらでまとめたものです。表を見て答えましょう。(5×10)

けがをした体の部分とけがの種類　(人)

種類／場所	切りきず	すりきず	だぼく	合計
足	5	12	10	㋐
手	㋑	3	2	13
うで	5	8	㋒	18
顔	0	2	0	2
合計(人)	18	㋓	17	㋔

(1)　㋐,㋑,㋒,㋓,㋔にあてはまる数を書きましょう。

㋐　　㋑　　㋒

㋓　　㋔

(2)　体のどの部分にけがをした人が，いちばん多いですか。

(3)　何の種類のけがをした人が，いちばん多いですか。

(4)　体のどの部分に，何の種類のけがをした人が，いちばん多いですか。

(5)　顔にすりきずをした人は，何人ですか。

(6)　たかこさんの学校で１ヶ月にけがをした人は，全部で何人ですか。

(A3 141%・B4 122%拡大)

月　日

資料の整理

名前

1　町内会でハイキングがありました。参加《さんか》した人数は，下の通りでした。

子ども 24人　おとな 15人
男　22人　女　17人
そのうち，おとなの男は7人でした。

(1)　下の表に整理します。㋐，㋑，㋒，㋕は何を表した数ですか。(5×4)

ハイキングに参加した人数　(人)

	男	女	合計
子ども	㋐	㋑	24
おとな	7	㋒	㋓
合計	22	㋔	㋕

㋐
㋑
㋒
㋕

(2)　㋐～㋕にあてはまる数を書きましょう。(5×6)

㋐
㋑
㋒
㋓
㋔
㋕

2　子ども会の参加者全員に，お弁当とくだものの注文をとりました。その結果《けっか》は，下の通りでした。

(お弁当)
おにぎりを注文した人　15人
サンドイッチを注文した人　24人
(くだもの)
みかんを注文した人　25人
りんごを注文した人　14人
そのうち，おにぎりとみかんを注文した人は10人でした。

注文した人の人数　(人)

	おにぎり	サンドイッチ	合計
みかん	10	㋐	㋑
りんご	㋒	㋓	14
合計	15	㋔	㋕

(1)　㋐～㋕にあてはまる数を書きましょう。(5×6)

㋐　㋑
㋒　㋓
㋔　㋕

(2)　サンドイッチとみかんを注文した人は，おにぎりとみかんを注文した人の何倍ですか。(5×2)

式

答え

(3)　おにぎりとりんごを注文した人は，おにぎりとみかんを注文した人の何倍ですか。(5×2)

式

答え

(A3 141%・B4 122%拡大)

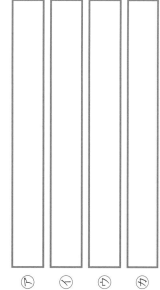

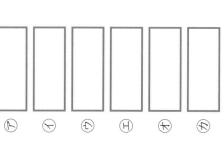

月　日

資料の整理

名前

1 ４年生20人に，犬やねこをかっているかどうか聞きました。

(1) 右の調べた結果《けっか》を下の表にまとめましょう。(4×3横一列)

犬やねこをかっている人調べ（人）

		犬 いる	犬 いない	合計
ねこ	いる			
ねこ	いない			
合計				

番号	犬	ねこ
1	○	×
2	×	○
3	○	×
4	×	×
5	×	○
6	×	×
7	○	×
8	×	×
9	○	×
10	×	×
11	○	○
12	○	×
13	×	○
14	○	×
15	×	×
16	×	○
17	×	○
18	○	×
19	×	×
20	○	○

(2) 犬だけかっている人は，何人ですか。(4)

(3) 犬もねこもかっている人は，何人ですか。(4)

(4) 犬もねこもかっていない人は，何人ですか。(4)

2 下の表は，みきさんの学校の１年間のけがの記録《ろく》を，２つのことがらでまとめたものです。表を見て答えましょう。(4×6)

けがをした場所と種類《しゅるい》　（人）

場所＼種類	切りきず	すりきず	打ぼく	ねんざ	合計
運動場	5	12	㋐	2	26
体育館	3	15	8	6	㋑
教　室	㋒	6	2	0	13
ろう下	4	㋓	7	㋔	22
合計(人)	17	43	24	9	㋕

㋐～㋕にあてはまる数を書きましょう。

㋐　㋑　㋒

㋓　㋔　㋕

3 下の表は，しゅんさんたちが見つけたこん虫の種類と場所をまとめたものです。(4×13)

見つけたこん虫の種類と場所　（ひき）

種類＼場所	校庭	公園	畑	森林	合計
バッタ	2	6	㋐	1	㋑
トンボ	㋒	12	10	㋓	31
チョウ	5	8	㋔	2	32
セ　ミ	4	6	0	㋕	27
合計(人)	17	㋖	41	23	㋗

(1) ㋐～㋗にあてはまる数を書きましょう。

㋐　㋑　㋒

㋓　㋔　㋕

㋖　㋗

(2) いちばん多く見つけた場所は，どこですか。

(3) いちばん多く見つけた種類は，何ですか。

(4) トンボは，何ひき見つけられましたか。

(5) 公園で見つけたチョウは，何ひきですか。

(6) 見つけたこん虫は，全部で何ひきですか。

(A3 141%・B4 122%拡大)

資料の整理

名前

1　ピーマンとしいたけの好《す》ききらいを，4年生30人に聞きました。その結果《けっか》，ピーマンが好きな人は10人，しいたけが好きな人は12人，ピーマンとしいたけ両方とも好きではない人は，14人いました。

ピーマンとしいたけの好ききらい調べ　（人）

		ピーマン		合計
		好き	好きではない	
しいたけ	好き	㋐	㋑	12
	好きではない	㋒	14	㋓
合計		10	㋔	30

㋐〜㋔にあてはまる数を書きましょう。また，何を表している数かを書きましょう。(5×10)

記号	数	何を表しているか
㋐		
㋑		
㋒		
㋓		
㋔		

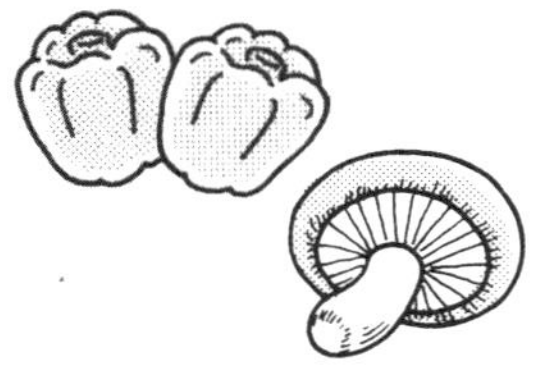

2　4年生52人に，先週と今週のわすれ物調べをしました。今週わすれ物をした人は25人，先週わすれ物をした人は19人，先週も今週もわすれ物をした人は16人いました。

わすれ物調べ　（人）

		今週		合計
		した	しなかった	
先週	した	16	㋐	19
	しなかった	㋑	㋒	㋓
合計		25	㋔	㋕

(1)　㋐〜㋕にあてはまる数を書きましょう。(5×6)

㋐　　㋑

㋒　　㋓

㋔　　㋕

(2)　㋐，㋑はそれぞれ何を表していますか。(5×2)

㋐

㋑

(3)　先週も今週もわすれ物をしなかった人は，先週も今週もわすれ物をした人の何倍ですか。(5×2)

式

答え

(A3 141%・B4 122%拡大)

補充注文

(本体2,000円

書店

年 月

部数

書名 コピーしてすぐ使える 観点別で評価ができる
教科書算数テスト プリント 4年

発行所 喜楽研（わかる喜び 学ぶ楽しさを 創造する教育研究所略称）

著者 新川 雄也

9784862773388
ISBN978-4-86277-338-8
C3037 ¥2000E

算数テスト
リント 4年

発行所 喜楽研
（わかる喜び学ぶ楽しさを創造する教育研究所略称）

定価2,200
（本体2,00

　　　　月　　日

直方体と立方体

名前

1　右の㋐や㋑のような箱について調べます。□に数や記号を書きましょう。(10×4)

(1)　面はいくつありますか。　□面

(2)　辺は何本ですか。　□本

(3)　頂点は何こですか。　□こ

(4)　面が正方形だけの箱はどちらですか。　□

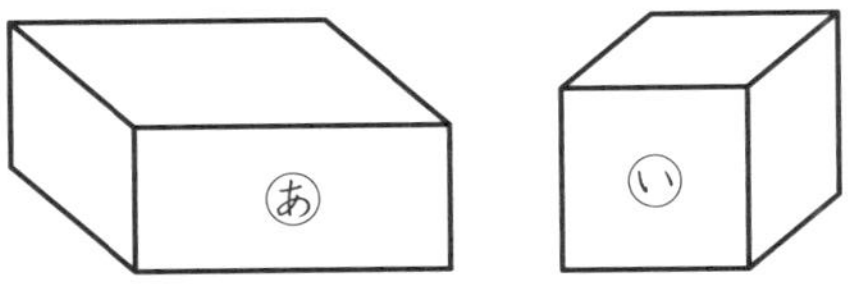

2　①～③を組み立てると，㋐～㋒のどの箱ができますか。線でつなぎましょう。(10×3)

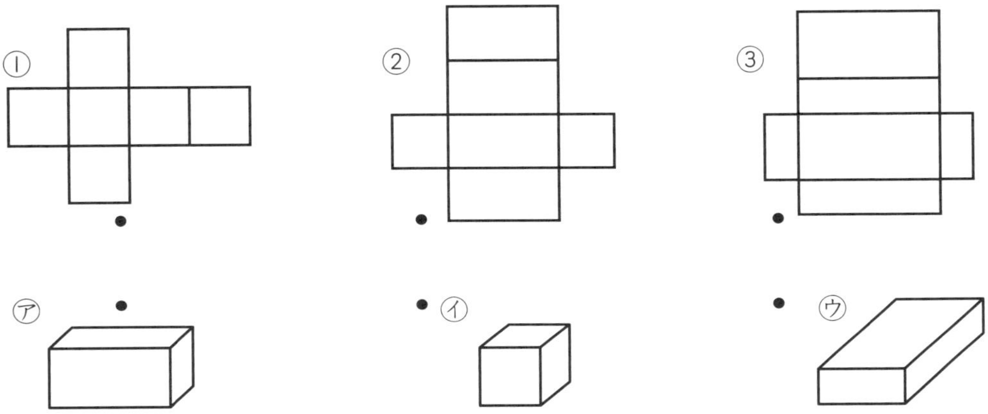

3　下の図のような箱を作るには，どの四角形が何まい必要ですか。(10×2)

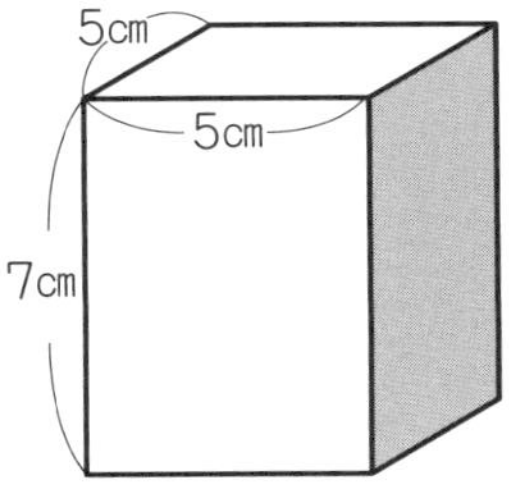

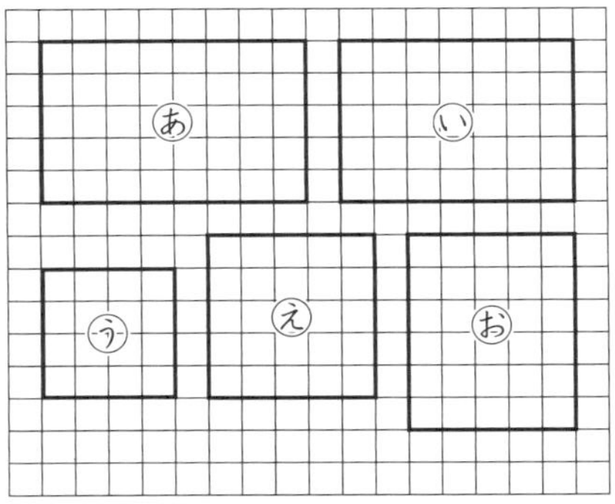

□を□まい

□を□まい

4　サイコロは，向かい合った面の数を合わせると，7になるように作ってあります。
下の図のどこの面に⁙をかけばいいでしょうか。図にかきましょう。(10)

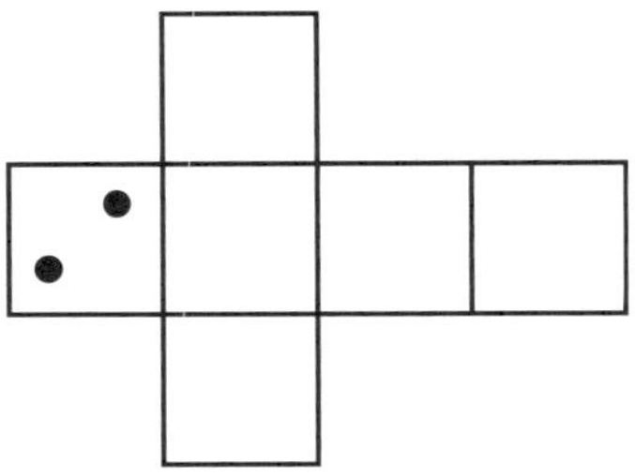

(A3 141%・B4 122%拡大)

知識技能 A　　　　月　　日

直方体と立方体

名前

1 □ にあてはまる言葉《ことば》を書きましょう。(5×3)

(1) 長方形だけでかこまれた形や，長方形や正方形でかこまれた立体を □ といいます。

(2) 正方形だけでかこまれている立体を □ といいます。

(3) 直方体や立方体の面のように平らな面を □ といいます。

2 直方体や立方体について答えましょう。(5×3)

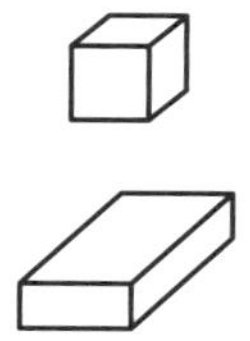

(1) 面は何面ありますか。

□ 面

(2) 辺《へん》は何本ありますか。

□ 本

(3) 頂点《ちょうてん》は何こありますか。

□ こ

3 直方体や立方体の面と面について答えましょう。(5×2)

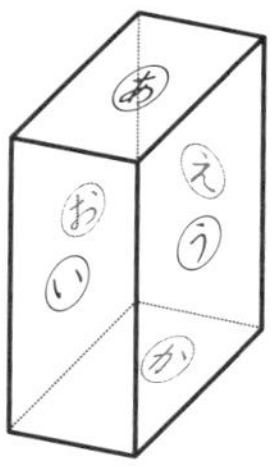

(1) 平行な面は何組ありますか。

□ 組

(2) 面あに垂直《すいちょく》な面をすべてかきましょう。

面 □　面 □　面 □　面 □

4 直方体や立方体の辺と辺について答えましょう。(5×2)

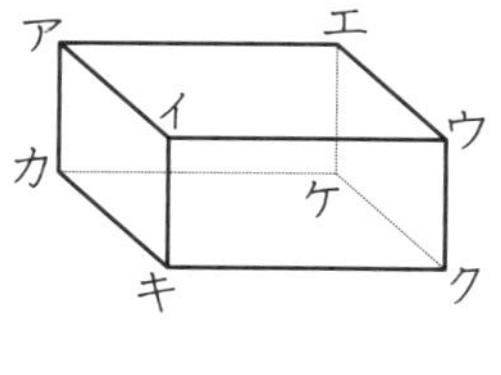

(1) 辺アカに垂直な辺は何本ありますか。

□ 本

(2) 辺アイに平行な辺をすべてかきましょう。

辺 □　辺 □　辺 □

5 展開図の続きをかきましょう。(10×2)

(1) 直方体

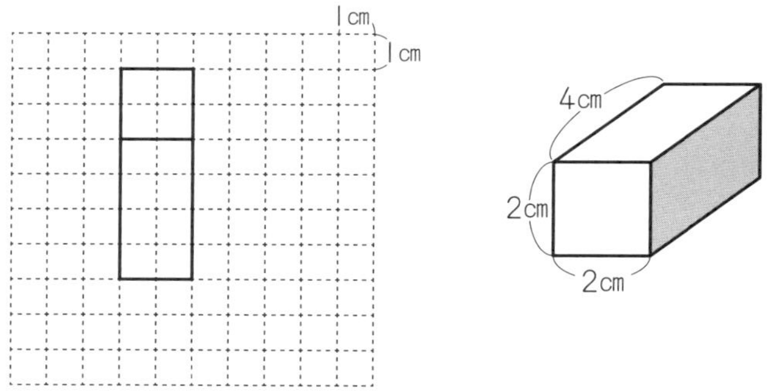

(2) 立方体

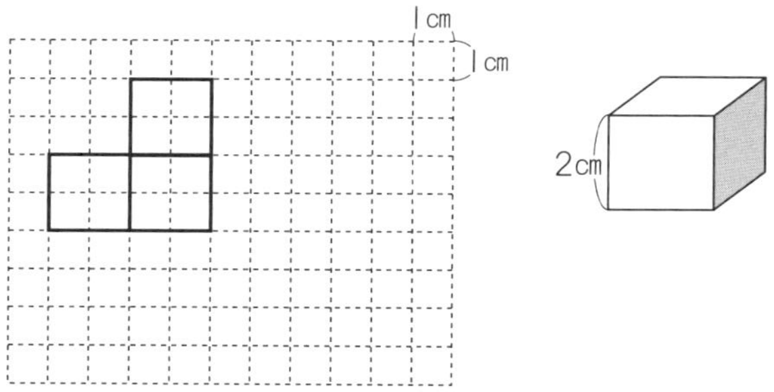

6 直方体の見取図の続きをかきましょう。(10)

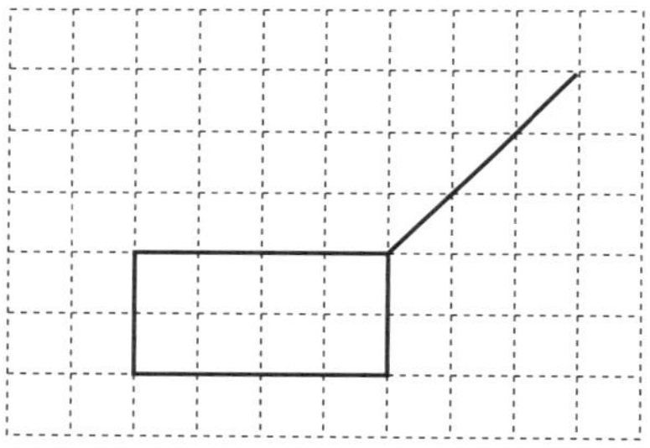

7 アのように点をとって記号を書き，アから順に直線でつなぎましょう。また，オからアへも直線でつなぎましょう。(5×4)

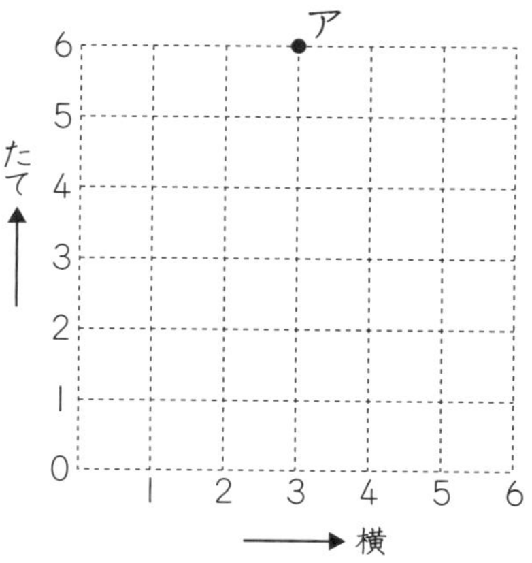

ア(横3，たて6)
イ(横0，たて4)
ウ(横1，たて1)
エ(横5，たて1)
オ(横6，たて4)

(A3 141%・B4 122%拡大)

月　日

直方体と立方体

名前

1　直方体の展開図《てんかいず》として正しいものには○を，正しくないものには×をつけましょう。(5×4)

(　　)　(　　)　(　　)　(　　)

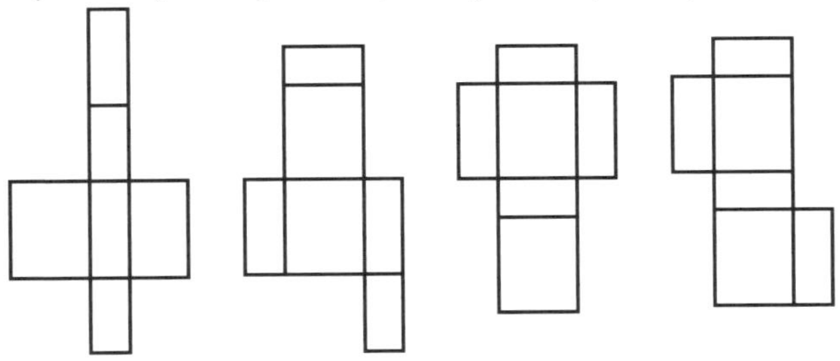

2　立方体の展開図を組み立てます。展開図を見て答えましょう。

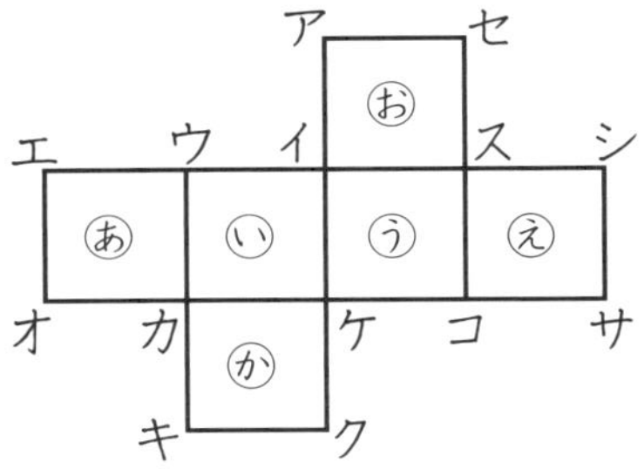

(1)　向き合う面を答えましょう。(5×2)

面㋐と面 [　　]　面㋔と面 [　　]

(2)　垂直《すいちょく》になる面を答えましょう。(5×2)

面㋑と垂直

面 [　　]　面 [　　]　面 [　　]　面 [　　]

面㋕と垂直

面 [　　]　面 [　　]　面 [　　]　面 [　　]

(3)　垂直になる面を答えましょう。(5×2)

辺カケ　面 [　　]　面 [　　]

辺アセ　面 [　　]　面 [　　]

(4)　重なる点を答えましょう。(5×2)

点セと　点 [　　]　点 [　　]

点キと　点 [　　]　点 [　　]

3　次の直方体の位置を，頂点《ちょうてん》Aをもとにして考えましょう。(10×4)

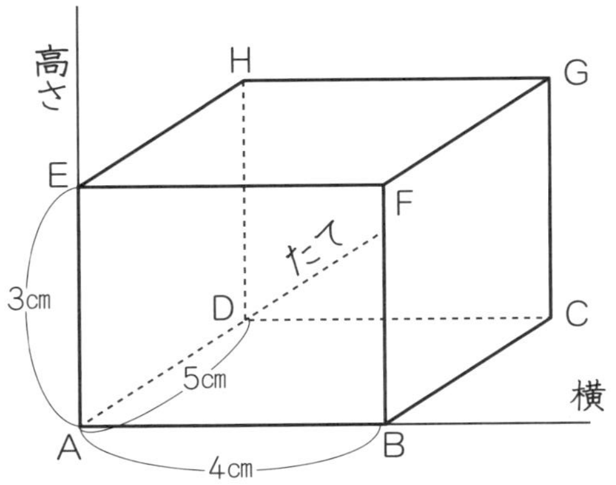

(1)　次の頂点はどれにあたりますか。

横4cm，たて0cm，高さ3cmの位置にある頂点

頂点 [　　]

横4cm，たて5cm，高さ0cmの位置にある頂点

頂点 [　　]

(2)　次の頂点の位置を表しましょう。

頂点G

(横　　cm，たて　　cm，高さ　　cm)

頂点D

(横　　cm，たて　　cm，高さ　　cm)

(A3 141%・B4 122%拡大)

月　　日

直方体と立方体

名前

1 □ にあてはまる数を書きましょう。(5×4)

(1) 長方形だけで囲まれた直方体には，同じ長さの辺が □ 本ずつあります。

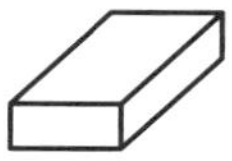

(2) 長方形だけで囲まれた直方体には，同じ形の面が □ 面ずつあります。

(3) 立方体には，同じ長さの辺が □ 本あります。

(4) 立方体には，同じ形の面が □ 面あります。

2 直方体で，面や辺《へん》の垂直《すいちょく》と平行について調べましょう。(5×6)

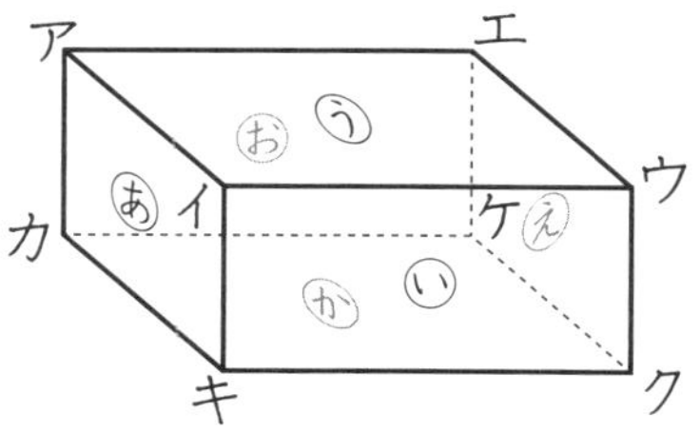

(1) 面いに平行な面をかきましょう。

面 □

(2) 面えに垂直な面をすべてかきましょう。

面 □　面 □　面 □　面 □

(3) 面あに平行な辺をすべてかきましょう。

辺 □　辺 □　辺 □　辺 □

(4) 面うに垂直な辺をすべてかきましょう。

辺 □　辺 □　辺 □　辺 □

(5) 辺アイに平行な辺をすべてかきましょう。

辺 □　辺 □　辺 □

(6) 辺ウクに垂直な辺をすべてかきましょう。

辺 □　辺 □　辺 □　辺 □

3 展開図《てんかいず》の続きをかきましょう。(10×2)

(1) 直方体

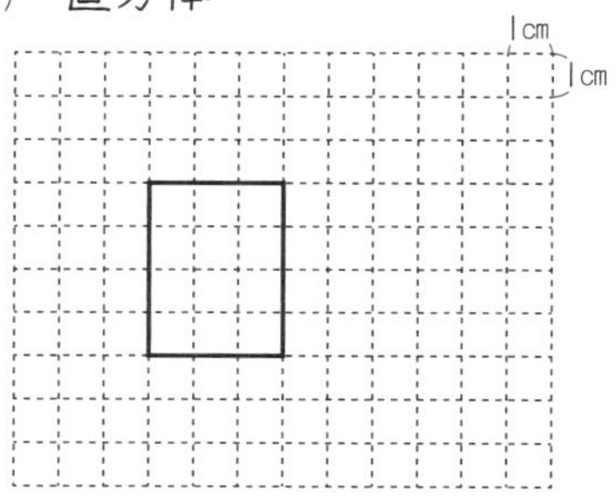

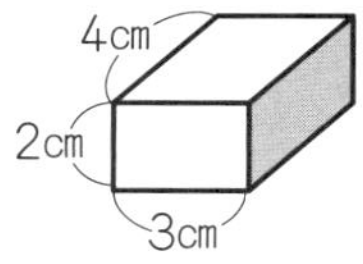

(2) 立方体

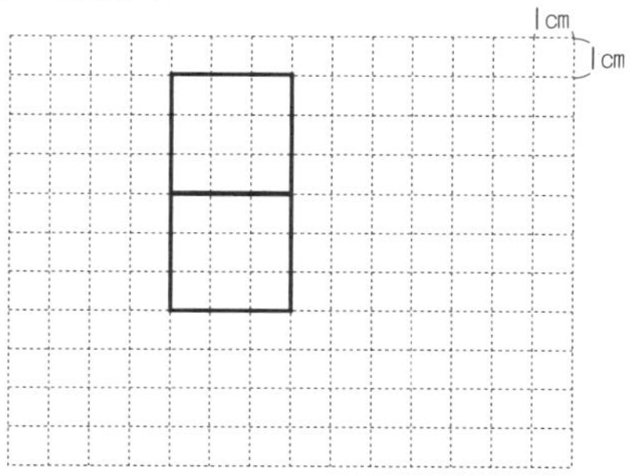

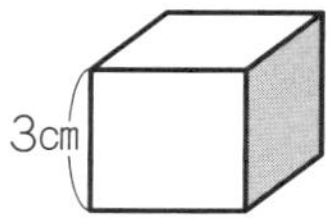

4 直方体の見取図の続きをかきましょう。(5)

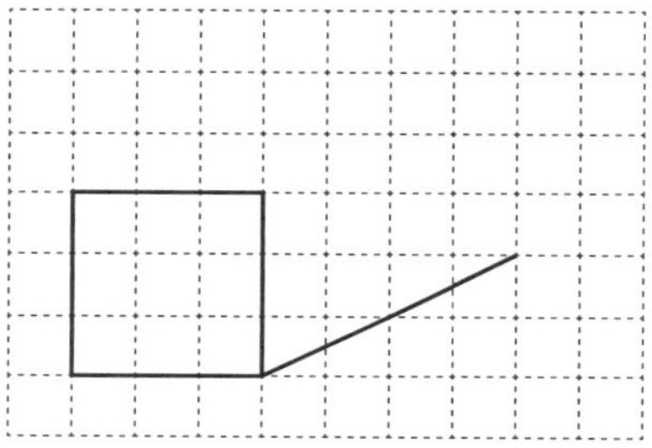

5 アからオまで点をとって，直線でつなぎましょう。オからアへも直線をひきましょう。(5×5)

ア(横 2，たて 2)　イ(横 4，たて 9)
ウ(横 9，たて 3)　エ(横 1，たて 6)
オ(横 8，たて 9)

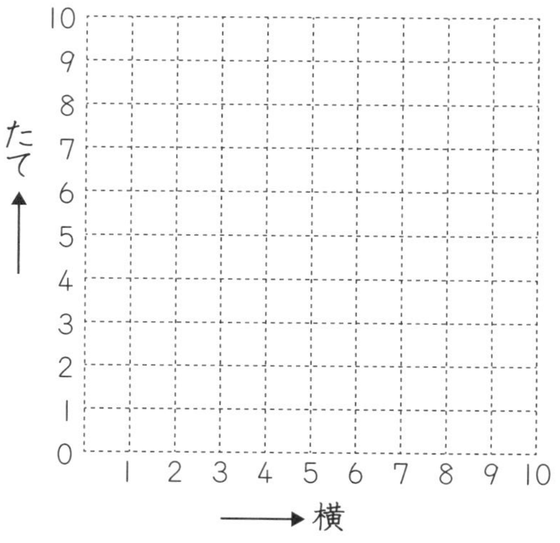

(A3 141%・B4 122%拡大)

直方体と立方体

名前

1　立方体の展開図《てんかいず》として正しいものには○を，正しくないものには×をつけましょう。(5 × 8)

(　　)　(　　)　(　　)　(　　)
(　　)　(　　)　(　　)　(　　)

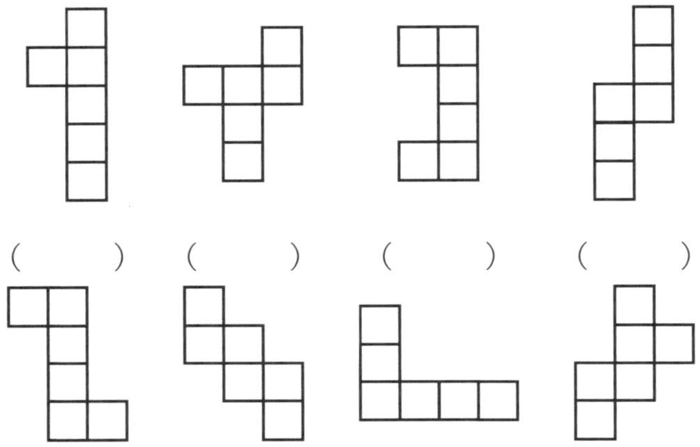

2　次の直方体の位置《いち》を，頂点《ちょうてん》Aをもとにして考えましょう。(5 × 4)

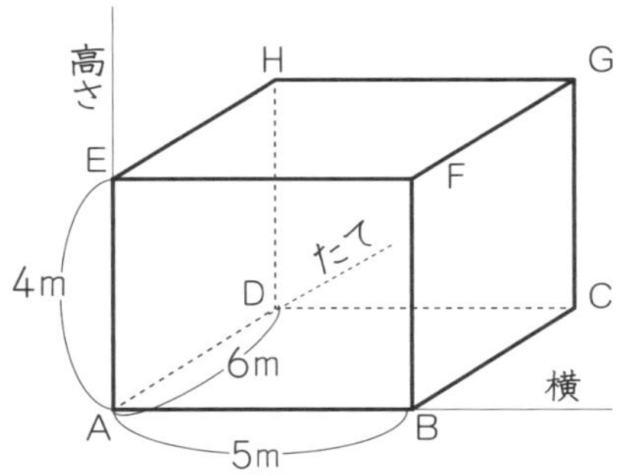

(1)　次の頂点は何ですか。

横 0m，たて 6m，高さ 4m の位置にある頂点

頂点 [　　]

横 5m，たて 0m，高さ 4m の位置にある頂点

頂点 [　　]

(2)　次の頂点の位置を表しましょう。

頂点 E

(横　　m，たて　　m，高さ　　m)

頂点 G

(横　　m，たて　　m，高さ　　m)

3　下の直方体の展開図を組み立てます。展開図を見て答えましょう。

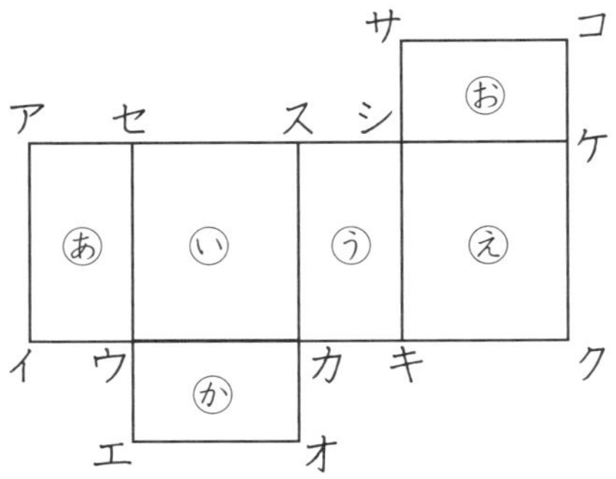

(1)　向き合う面を答えましょう。(5)

面ⓐと面 [　　]

(2)　面ⓘと垂直《すいちょく》になる面を答えましょう。(5)

面 [　　]　面 [　　]　面 [　　]　面 [　　]

(3)　次の辺《へん》と垂直になる面を答えましょう。(5 × 2)

辺ウカ　面 [　　]　面 [　　]

辺コケ　面 [　　]　面 [　　]

(4)　次の辺と平行になる辺を答えましょう。(5 × 2)

辺キク

辺 [　　]　辺 [　　]　辺 [　　]　辺 [　　]

辺スカ

辺 [　　]　辺 [　　]　辺 [　　]　辺 [　　]

(5)　次の辺と垂直になる辺を答えましょう。(5 × 2)

辺セウ

辺 [　　]　辺 [　　]　辺 [　　]　辺 [　　]
辺 [　　]　辺 [　　]　辺 [　　]

辺サシ

辺 [　　]　辺 [　　]　辺 [　　]　辺 [　　]
辺 [　　]

(A3 141%・B4 122%拡大)

知識技能

月　日

学年のまとめ　数と計算

名前

1 次の数を書きましょう。(5×2)

(1) 10億《おく》を540こ集めた数

(2) 7億を10でわった数

2 次の計算を筆算でしましょう。(5×4)
(答えは整数であまりも出しましょう。)

(1) 518 ÷ 7　(2) 94 ÷ 39

(3) 106 ÷ 16　(4) 827 ÷ 27

3 次の数を書きましょう。(5×2)

(1) 0.01を582こ集めた数

(2) 4.71を1000倍にした数

4 次の計算を筆算でしましょう。(5×2)

(1) 0.79 + 6.1　(2) 5.4 − 5.04

5 次の計算をしましょう。(5×2)

(1) 5 × 6 + 4 ÷ 2

(2) 5 × (6 + 4 ÷ 2)

6 四捨五入《ししゃごにゅう》をして，次のがい数にしましょう。(5×2)

(1) 52736（千の位までのがい数にしましょう。）

(2) 78292（上から2けたのがい数にしましょう。）

7 分数の計算をしましょう。(5×2)

(1) $\frac{3}{5} + 1\frac{4}{5}$

(2) $2 - \frac{3}{4}$

8 次の計算を筆算でしましょう。(5×4)

(1) 8.6 × 57　(2) 4.75 × 76

(3) 1.2 ÷ 5
（わり切れるまで計算しましょう。）

(4) 1.9 ÷ 6
（商は$\frac{1}{10}$の位までのがい数で表しましょう。）

(A3 141%・B4 122%拡大)

月　日

学年のまとめ　数と計算

名前

1　下の10まいの数字カードを1回ずつ使って，(1)と(2)の数を作りましょう。(5×2)

0 1 2 3 4 5 6 7 8 9

(1)　2番目に大きい数

(2)　2番目に小さい数

2　482このみかんを，1ふくろに18こずつ入れます。18こ入りのふくろは何ふくろできて，みかんは何こあまりますか。(5×2)

式

答え

3　15人分のおかしを買って，代金をはらうと2775円でした。1人分のおかしは，いくらですか。(5×2)

式

答え

4　Aのリボンは7.54mあります。Bのリボンは8.3mあります。(5×4)

(1)　2本のリボンのちがいは，何mですか。

式

答え

(2)　2本のリボンを合わせると，何mですか。

式

答え

5　テーマパークの入場けんは，1まいが2800円です。入場者数は4319人でした。入場けんの売り上げの合計は，何円になりますか。上から1けたのがい数で見積《みつ》もりましょう。(5×2)

式

答え

6　120円のドーナツと，90円のジュースがセットで売られています。このセットを4セット買うと，何円になりますか。代金を1つの式に書いて求《もと》めましょう。(5×2)

式

答え

7　$\frac{6}{7}$kgのランドセルに荷物を入れてはかると$5\frac{4}{7}$kgありました。ランドセルに入れた荷物は，何kgですか。(5×2)

式

答え

8　21mのロープを5等分しました。1本のロープの長さは，何mですか。(5×2)

式

答え

9　子犬のときの体重は4kgでしたが，今では17.2kgになりました。体重は何倍になりましたか。(5×2)

式

答え

(A3 141%・B4 122%拡大)

知識技能　　　　　　　　　　　　　　月　　日

学年のまとめ　図形

名前

1　次の角度は何度ですか。(5 × 2)

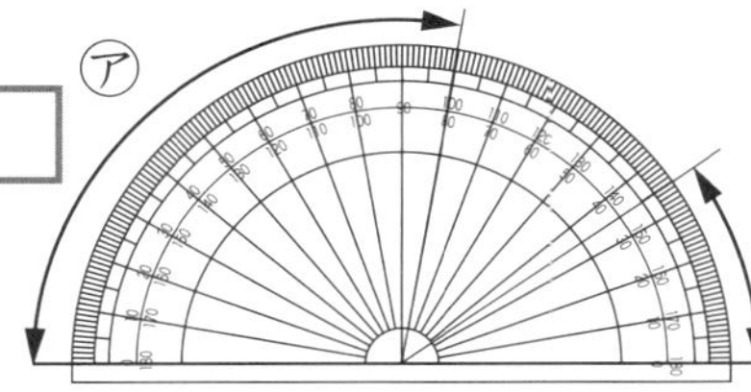

2　点アを頂点《ちょうてん》として，矢印《やじるし》の方向に次の大きさの角をかきましょう。(5 × 2)

(1)　80°　　　(2)　140°

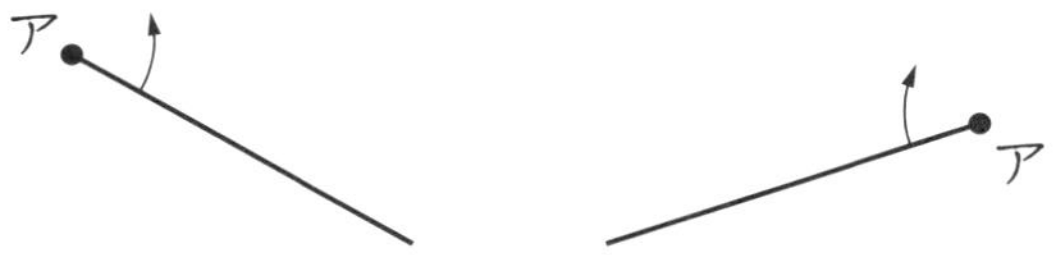

3　点Ａを通って直線㋐に垂直《すいちょく》な直線と平行な直線をひきましょう。(5 × 2)

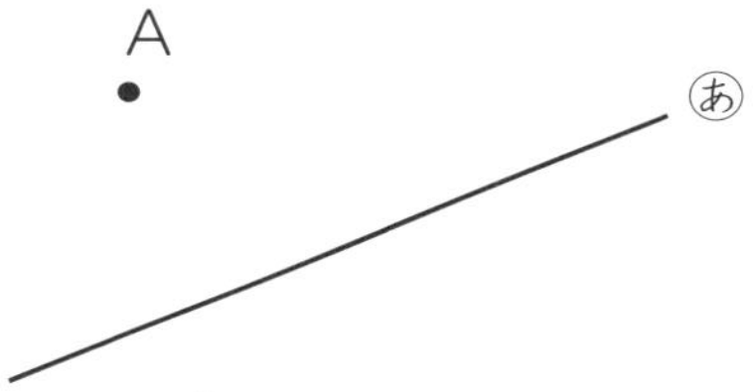

4　次の平行四辺《へん》形の角度や辺の長さを求《もと》めましょう。(5 × 2)

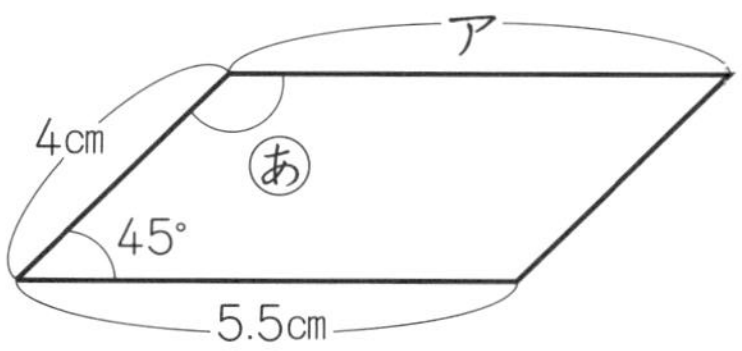

ア　　cm

㋐　　°

5　ひし形のとくちょうで正しいもの２つを選んで○を（　）にかきましょう。(5 × 2)

（　　）　となり合った辺は垂直である。

（　　）　４つの辺の長さは等しい。

（　　）　となり合った角の大きさは等しい。

（　　）　向かい合った辺は平行である。

6　次の面積《めんせき》を求めましょう。(5 × 4)

(1)　１辺が7cmの正方形の面積

式

答え

(2)　たてが3km横が5kmの長方形の面積

式

答え

7　次の面積を表すのにふさわしい面積の単位《たんい》を（cm², m², km²）から選《えら》んで書きましょう。(5 × 2)

(1)　教室の面積　　72

(2)　はがきの面積　150

8　直方体で，次の辺をいいましょう。(5 × 2)

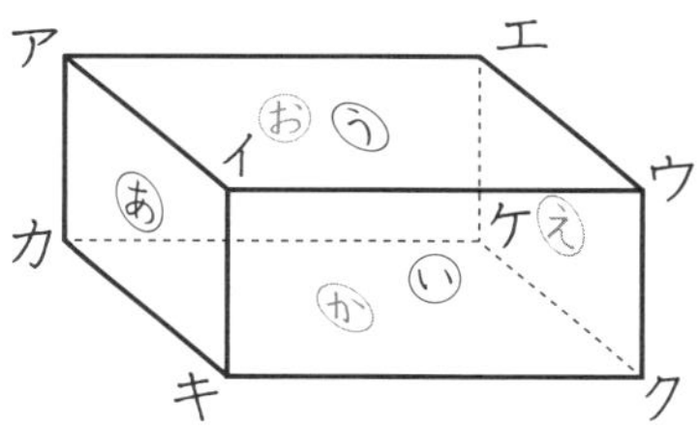

(1)　面㋒に垂直な辺をすべてかきましょう。

辺　　辺　　辺　　辺

(2)　辺アイに平行な辺をすべてかきましょう。

辺　　辺　　辺

9　辺の長さが5cmと4cmで，その間の１つの角が50°の平行四辺形をかきましょう。(10)

月　　日

学年のまとめ　図形

名前

1　立方体の展開図《てんかいず》として正しいものを２つ選《えら》んで，記号を□に書きましょう。(5×2)

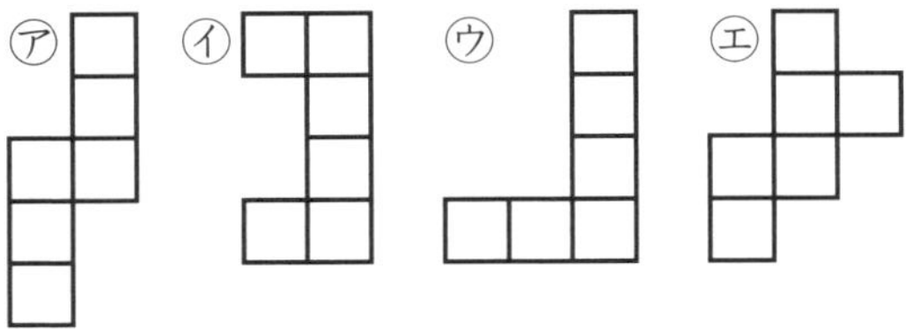

□　□

2　立方体の展開図を組み立てます。展開図を見て答えましょう。(5×2)

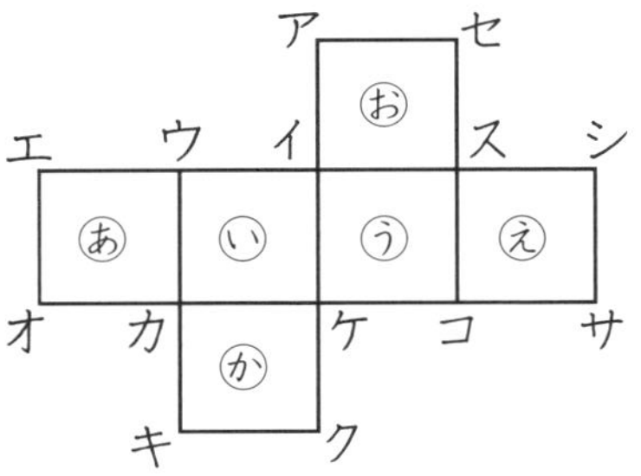

(1)　面㋔と垂直《すいちょく》の面

面□　面□　面□　面□

(2)　辺シサと垂直の面

面□　面□

3　次の対角線になる四角形の名前を書きましょう。(5×4)

(1)

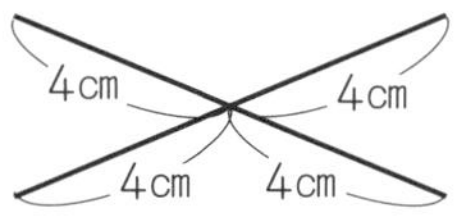

□

(2)

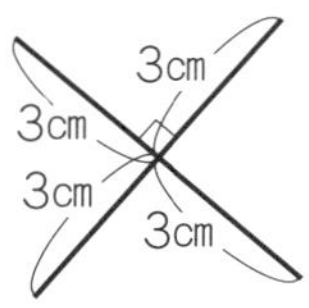

□

(3)

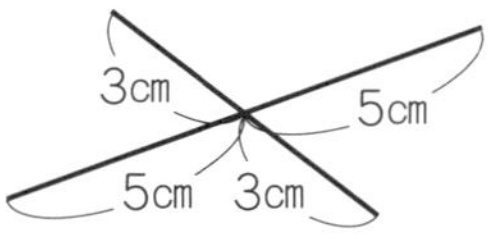

□

(4)

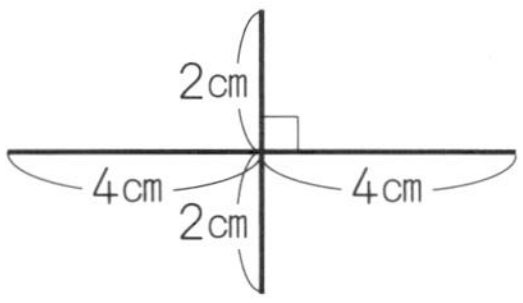

□

4　次の角度を式を書いて求めましょう。(5×8)

(1)

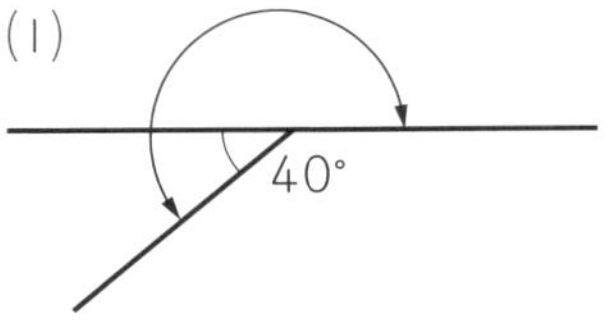

式

答え

(2)

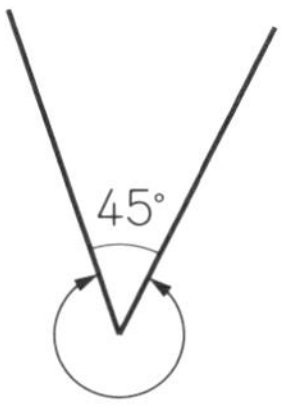

式

答え

(3)

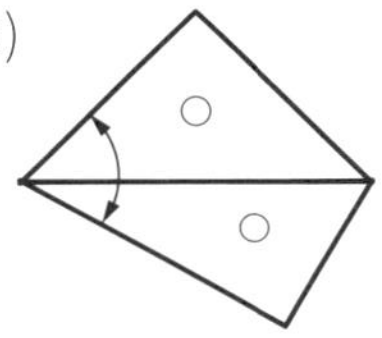

三角じょうぎ２まい

式

答え

(4)

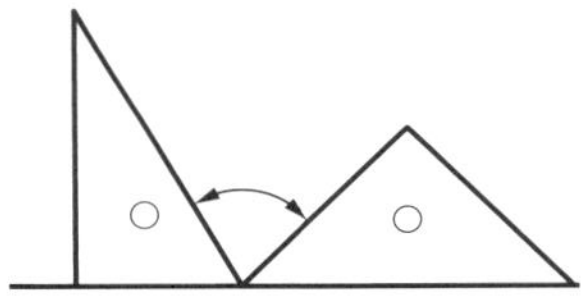

三角じょうぎ２まい

式

答え

5　次の図形の面積《めんせき》を求《もと》めましょう。(5×4)

(1)

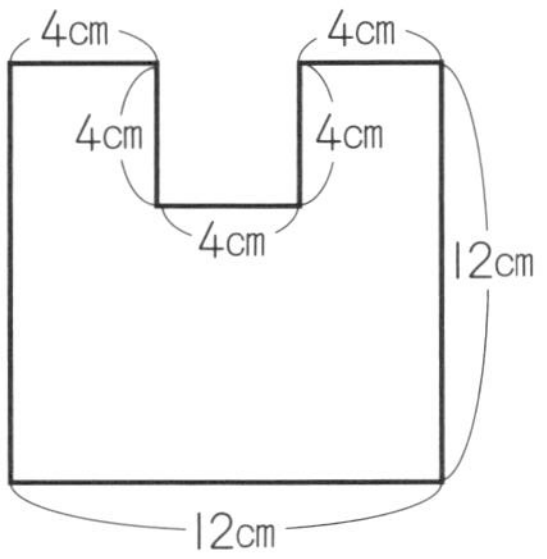

式

答え

(2)

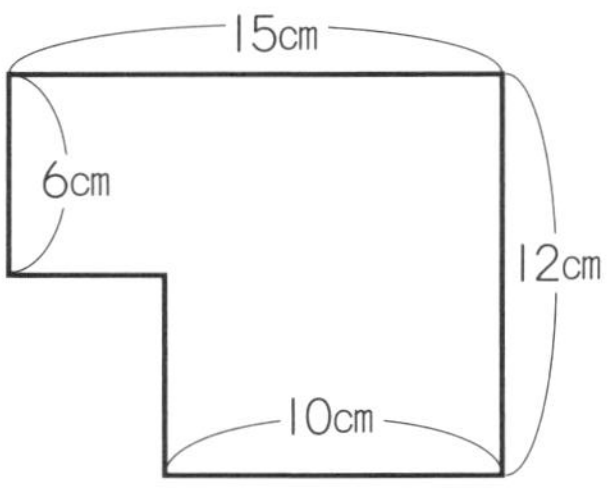

式

答え

(A3 141%・B4 122%拡大)

知識技能　　　　月　日

学年のまとめ　変化と関係

名前

1　下の折《お》れ線グラフを見て答えましょう。

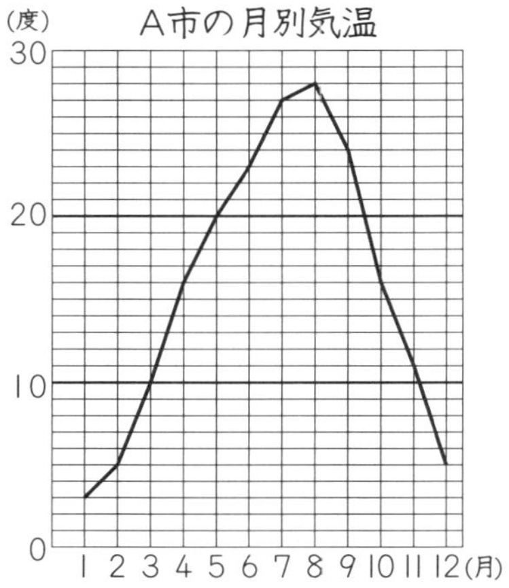

(1)　グラフのたてじくと横じくは，それぞれ何を表していますか。(5×2)

たてじく　□　横じく　□

(2)　気温がいちばん高いのは，何月の何度ですか。(5)

□ 月 □ 度

(3)　気温がいちばん低いのは，何月の何度ですか。(5)

□ 月 □ 度

(4)　気温の上がり方がいちばん大きいのは何月から何月で，何度上がっていますか。(5)

□ 月から □ 月で □ 度

(5)　気温の下がり方がいちばん大きいのは何月から何月で，何度下がっていますか。(5)

□ 月から □ 月で □ 度

2　1だんの高さが15cmの階だんを上がります。階だんの数と下からの高さの関係《かんけい》を，表に表しましょう。(5×4)

階だんの数と下からの高さ

階だんの数(だん)	1	2	3	4	5	6
下からの高さ(cm)	15	30				

3　右の表は，1日の気温の変《か》わり方を表にしたものです。折れ線グラフに表しましょう。(グラフ様式5各時刻5×5)

学級園の1日の気温

時こく(時)	気温(度)
午前　9	14
10	20
11	28
午後　0	33
1	34
2	26
3	18

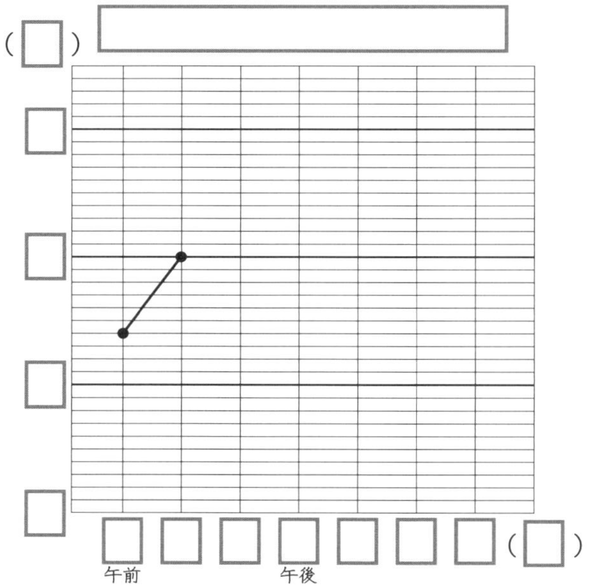

4　下のように，長さ1cmのひごを使って正三角形をならべていきます。

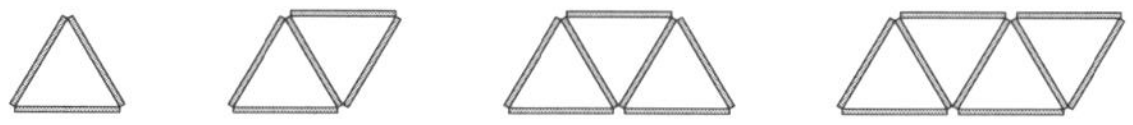

(1)　三角形の数とまわりの長さの関係を，表に表しましょう。(5×3)

三角形の数とまわりの長さ

三角形の数(こ)	1	2	3	4	5	6
まわりの長さ(cm)	3	4			7	

(2)　正三角形の数を□，まわりの長さを○にして式に表します。□にあてはまる数を書きましょう。(5)

□＋□＝○

(A3 141%・B4 122%拡大)

月　日

学年のまとめ　変化と関係

名前

1 1辺が1cmの正三角形でピラミッドの形を作っていきます。

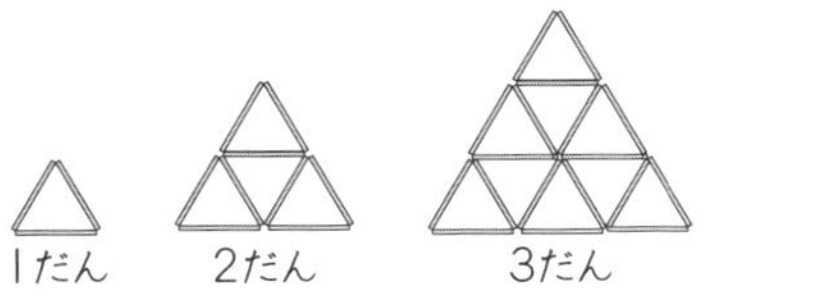

(1) だんの数とまわりの長さの関係《かんけい》を，表に表しましょう。(5×4)

だんの数とまわりの長さ

だんの数(だん)	1	2	3	4	5	6
まわりの長さ(cm)	3	6				

(2) だんの数を□，まわりの長さを○にして式に表します。□にあてはまる数を書きましょう。(5)

□×□＝○

(3) 8だんになったときのまわりの長さは，何cmですか。(5×2)

式

答え

(4) まわりの長さが30cmになるのは，何だんのときですか。(5×2)

式

答え

2 37この荷物を1こずつ運びます。運んだ数と残《のこ》っている数を調べましょう。

(1) 運んだ数と残っている数の関係を，表に表しましょう。(5×2)

運んだ数と残っている数

運んだ数(こ)	1	2	3	4	5	6
残っている数(こ)	36	35	34	33		

(2) 運んだ数を□，残っている数を○にして式に表します。□にあてはまる数を書きましょう。(5)

□－□＝○

3 大阪《おおさか》（日本）とウェリントン（ニュージーランド）の1年間の気温を折《お》れ線グラフにしました。

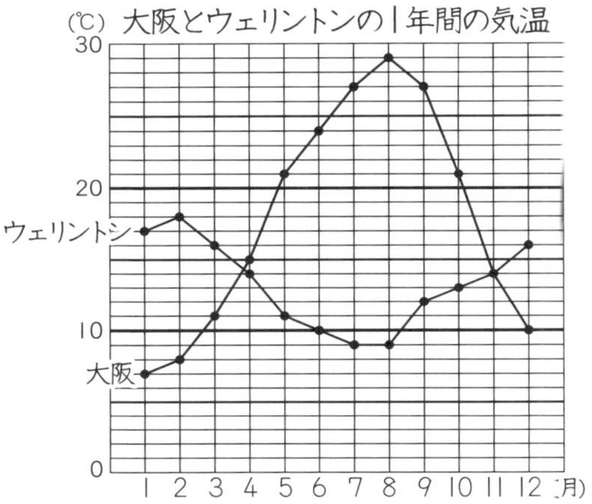

(1) 大阪とウェリントンの気温でいちばん差があるのは何月で，何度の差ですか。(5)

□月で□度の差

(2) 大阪とウェリントンで気温が同じなのは，何月で何度ですか。(5)

□月で□度

(3) 大阪とウェリントンで気温の上がり方がいちばん大きいのは，それぞれ何月から何月で，何度上がっていますか。(10×2)

大阪　□月から□月で□度

ウェリントン　□月から□月で□度

(4) それぞれの都市でいちばん気温の高い月といちばん低い月との差は，何度ですか。(5×2)

大阪　□度　ウェリントン　□度

(A3 141%・B4 122%拡大)

知識技能 　　　　　　　　　　　　　　　　　　月　　日

学年のまとめ　データの活用

名前

1　下のグラフ用紙に必要《ひつよう》なめもりを記入して，ももかさんの身長の変《か》わり方を折《お》れ線グラフに表しましょう。また，下の問いに答えましょう。

ももかさんの身長

年れい(才)	身長(cm)
6	116
7	122
8	127
9	134
10	143

(グラフ様式 10
各年齢 5 × 5)

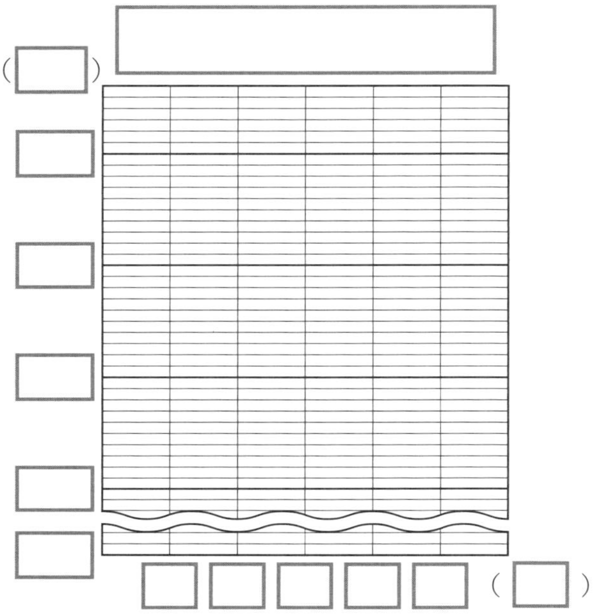

(1)　いちばん身長ののびが大きいのは，何才から何才のときですか。(5)

□ 才から □ 才

(2)　グラフ用紙にある 〰 は，何のために使われていますか。(5)

(3)　〰 があると，どんな良さがありますか。(10)

2　下の表は，学校の 1 年間のけがの記録《きろく》を 2 つのことがらでまとめたものです。表を見て答えましょう。

けがをした場所とけがの種類《しゅるい》 (人)

場所＼種類	切りきず	すりきず	打ぼく	ねんざ	合計
運動場	7	12	㋐	2	31
体育館	3	13	8	6	㋑
教　室	㋒	6	2	0	15
ろう下	2	9	7	1	19
合　計	19	40	27	㋓	㋔

(1)　㋐～㋔にあてはまる数と，何を表しているのかを書きましょう。(5 × 5)

㋐

㋑

㋒

㋓

㋔

(2)　どこでけがをした人が，いちばん多いですか。(5)

(3)　どんなけがをした人が，いちばん多いですか。(5)

(4)　どこでどんなけがをした人が，いちばん多いですか。(10)

(A3 141%・B4 122%拡大)

月　日

学年のまとめ　データの活用

名前

[1] 下のア～カは，ぼうグラフと折《お》れ線グラフのどちらで表すとよいですか。ぼうグラフには「ぼ」，折れ線グラフには「お」を□に書きましょう。(5×5)

ア □ 1年生から6年生までの本をかりた数

イ □ 午前9時から午後4時までの教室の気温

ウ □ ある市の10年間のゴミの量の移《うつ》り変《か》わり

エ □ 学校の前を通る自動車の種類《しゅるい》と台数

オ □ かぜをひいたときの2時間おきの体温

[2] ①～⑤の折れ線グラフは，気温の変わり方を表しています。(　　)に合う記号を下から選《えら》んで書きましょう。(5×5)

①(　　　)

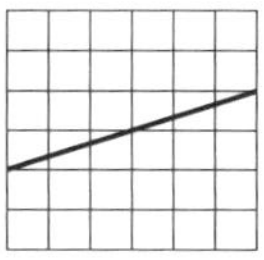

②(　　　)

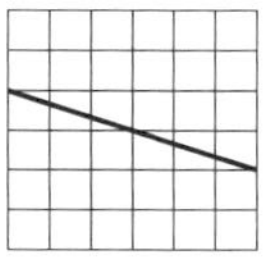

③(　　　)

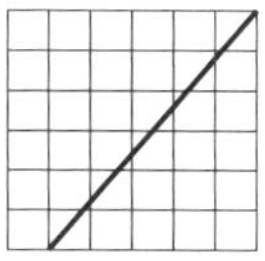

④(　　　)

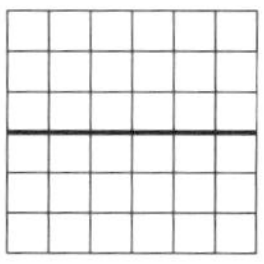

⑤(　　　)

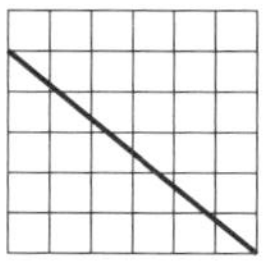

ア　気温が少し上がっている。

イ　気温が大きく上がっている。

ウ　気温が変わらない。

エ　気温が少し下がっている。

オ　気温が大きく下がっている。

[3] 4年生30人に，土曜日，日曜日に読書をしたかどうか調《しら》べて，結果《けっか》を下の表にまとめました。

土曜日曜の読書調べ　(人)

		土曜日		合計
		した	しなかった	
日曜日	した	㋐	㋑	18
	しなかった	㋒	9	㋓
合　計		16	㋔	30

(1) ㋐～㋔にあてはまる数を書きましょう。(5×5)

㋐ □　㋑ □

㋒ □　㋓ □

㋔ □

(2) ㋐～㋔は，それぞれ何を表している数ですか。(5×5)

㋐ □

㋑ □

㋒ □

㋓ □

㋔ □

(A3 141%・B4 122%拡大)

解答　児童に実施させる前に，必ず指導される方が問題を解いてください。本書の解答は，あくまでも１つの例です。指導される方の作られた解答をもとに，本書の解答例を参考に児童の多様な考えに寄り添って○つけをお願いします。

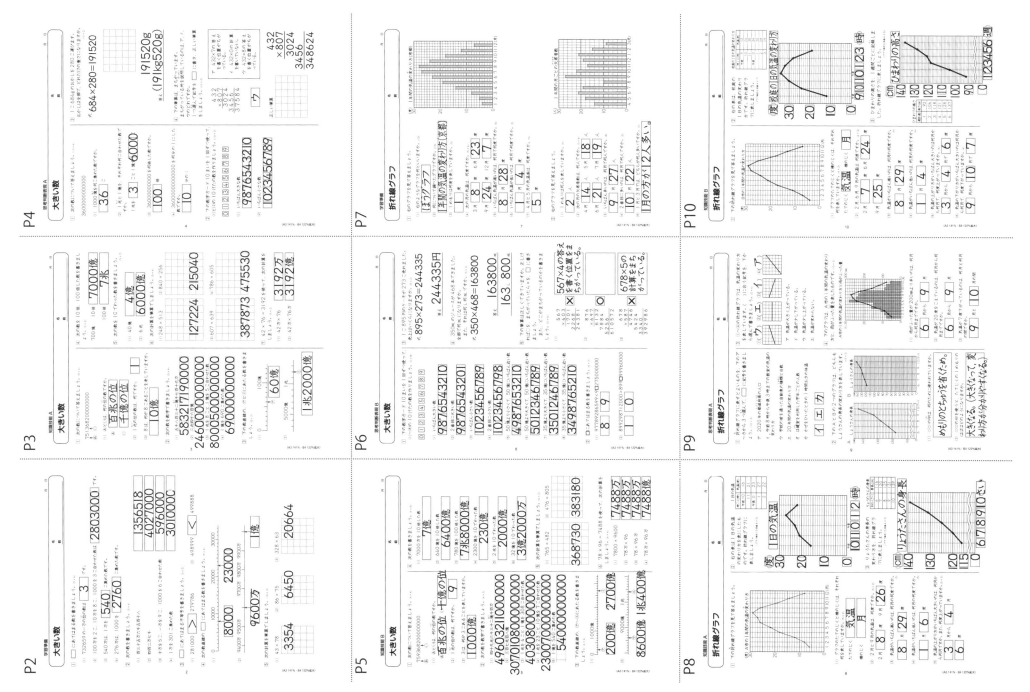

P2
学習準備　大きい数

3　540　2760　2803000

1356518　4027000　596000　301000

＞　＜

8000　23000　9600万　1億

3354　6450　20664

P3
知識技能A　大きい数

百兆の位　千億の位　1　10億

583217190000　2460000000000　8000500000000　6900000000000

60億　1兆2000億

7000億　7兆　4億　6000億

127224　215040　387873　475530

3192万　3192億

P4
思考判断表現A　大きい数

36　3　6000　100　10

9876543210　1023456789

684×280=191520

191520g　(191kg520g)

ウ

432 ×807 3024 3456 348624

P5
知識技能B　大きい数

百兆の位　十億の位　9　1000億

7億　6400億　7兆8000億　230億　2000億　3億2000万

49603211000000　30701080000000　40308000000000　23007000000000　5400000000000

200億　2700億　8600億　1兆400億

368730　383180

7488万　7488万　7488万　7488億

P6
思考判断表現B　大きい数

9876543210　9876543201　1023456789　1023456798　4987653210　5012346789　3501246789　3498765210

8　9　1　0

895×273=244335　244335円

350×468=163800　163800mL　163.800L

×　567×4の答えを書く位置をまちがっている。

○

×　678×5の計算をまちがっている。

P7
学習準備　折れ線グラフ

ぼうグラフ　1年間の気温の変わり方(京都)

1　8　23　24　7　8　28　1　4　5

2　14　18　21　19　9　27　10　22

1月の方が12人多い。

P8
知識技能A　折れ線グラフ

気温　月　8　26　8　29　1　6　3　6　4

1日の気温　10 11 0 1 2 時

りょうたさんの身長　6 7 8 9 10 さい

P9
折れ線グラフ

イ　エ　カ

ウ　エ　イ　ア

6　9　6　9　9　10

めもりのとり方を省くため。

大きくなって，変わり方が分かりやすくなる。

P10
思考判断表現B　折れ線グラフ

気温　月　7　24　25　8　29　1　4　3　4　6　9　10　7

校庭の1日の気温の変わり方　9 10 11 0 1 2 3 時

ひまわりの高さ　1 2 3 4 5 6 週

児童に実施させる前に，必ず指導される方が問題を解いてください。本書の解答は，あくまでも１つの例です。指導される方の作られた解答をもとに，本書の解答例を参考に児童の多様な考えに寄り添って○つけをお願いします。

P11

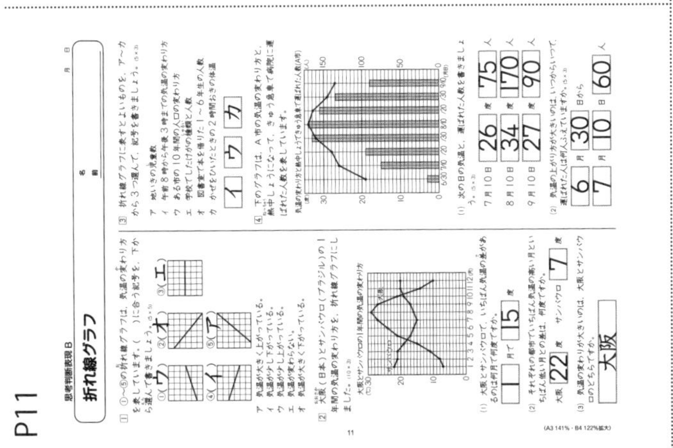

P12

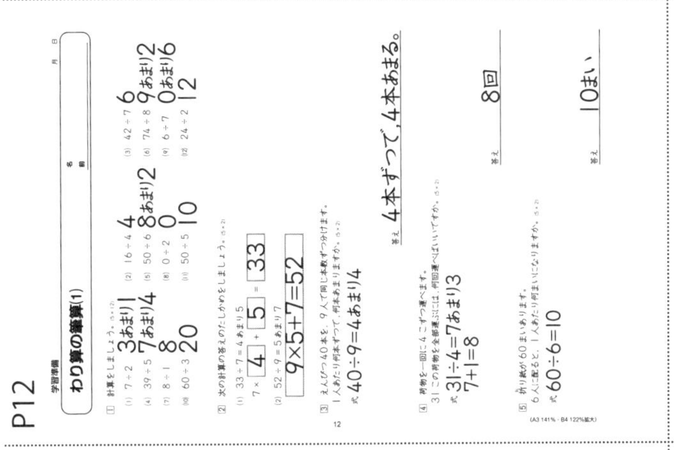

P13

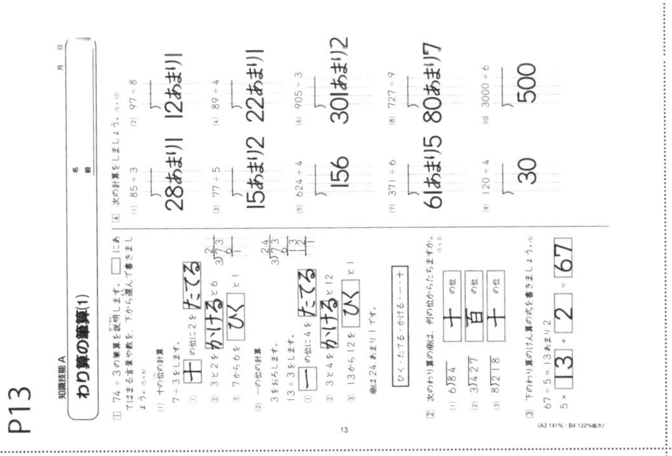

P14

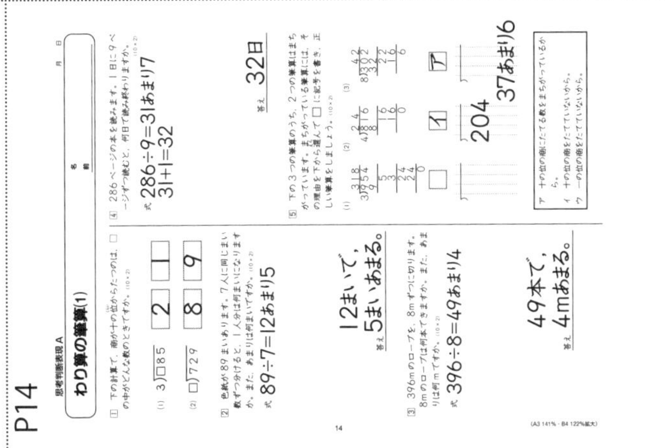

P15

P16

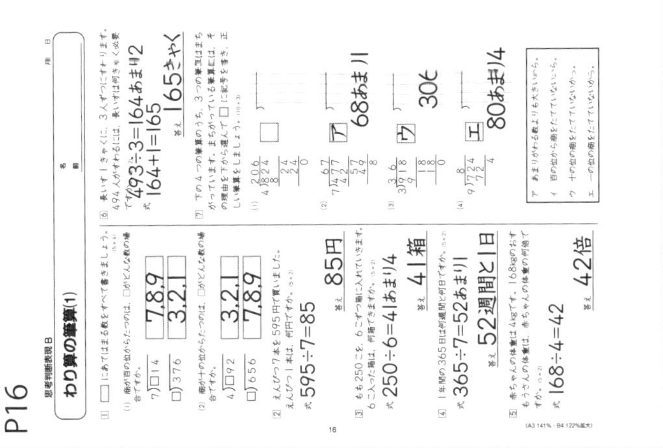

P17

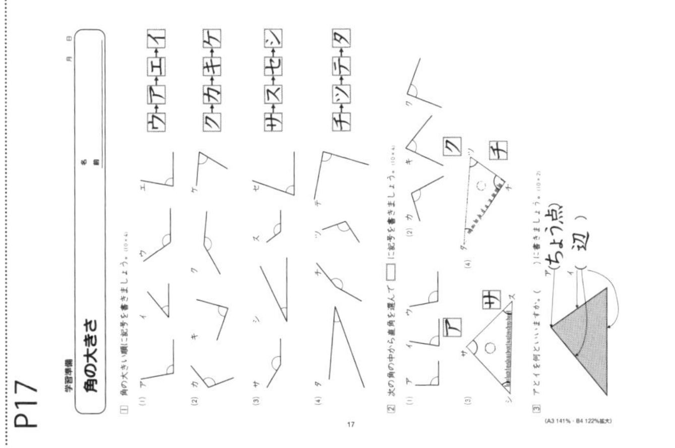

P18

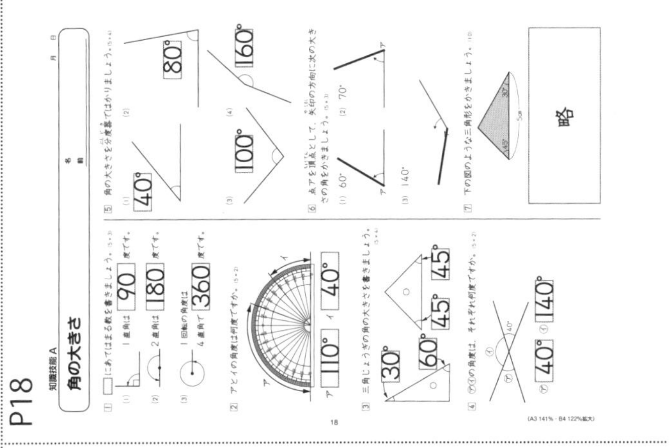

P19

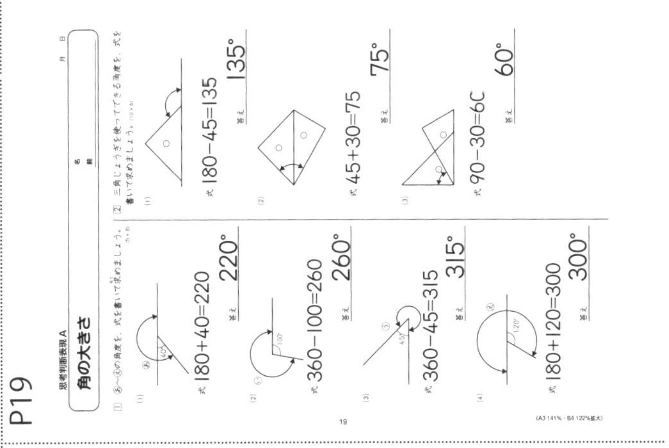

解答

児童に実施させる前に，必ず指導される方が問題を解いてください。本書の解答は，あくまでも１つの例です。指導される方の作られた解答をもとに，本書の解答例を参考に児童の多様な考えに寄り添って○つけをお願いします。

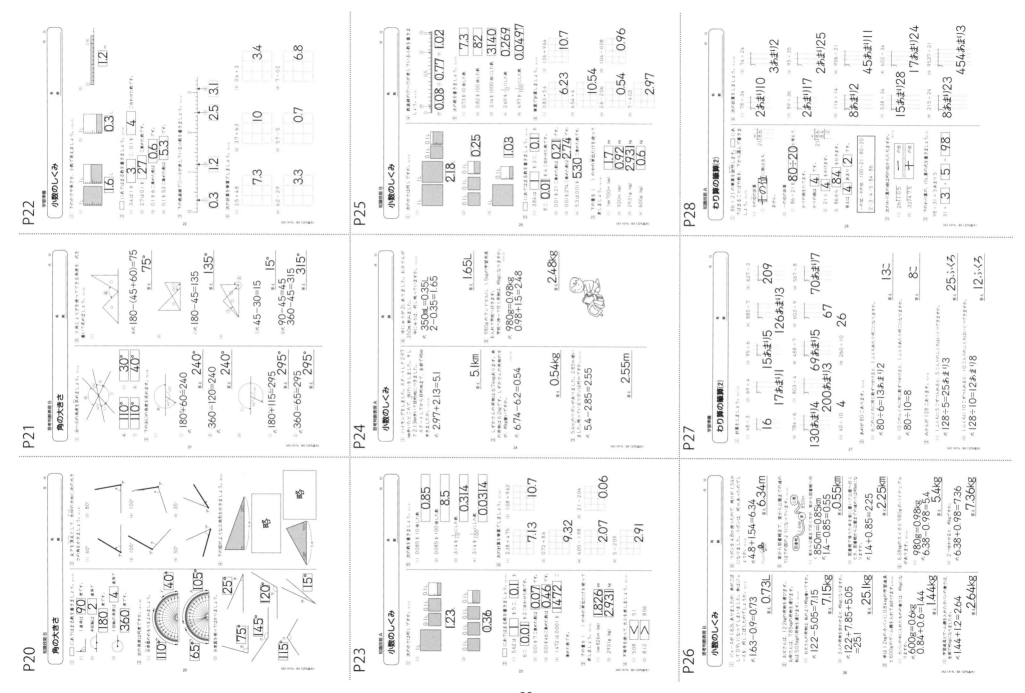

P20

知識技能 B

角の大きさ

1 □にあてはまる数を書きましょう。
(1) 1直角は 90 度です。
(2) 半回転は 2 直角で 180 度です。
(3) 1回転の角度は 4 直角で 360 度です。

2 次の角度は何度ですか。
(1) 分度器のめもりをよみましょう。

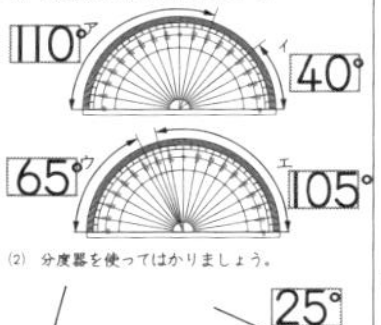

110°　40°　65°　105°

(2) 分度器を使ってはかりましょう。

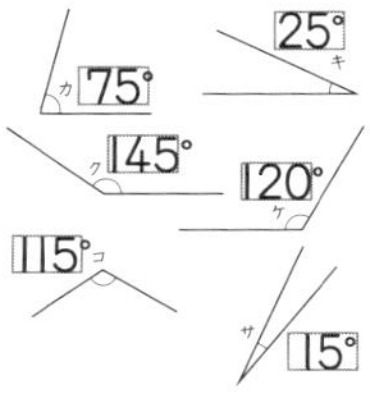

25°　75°　145°　120°　115°　15°

3 点アを頂点《ちょうてん》として，矢印の方向に次の大きさの角をかきましょう。
(1) 60°　(2) 80°　(3) 105°　(4) 100°　(5) 50°　(6) 35°

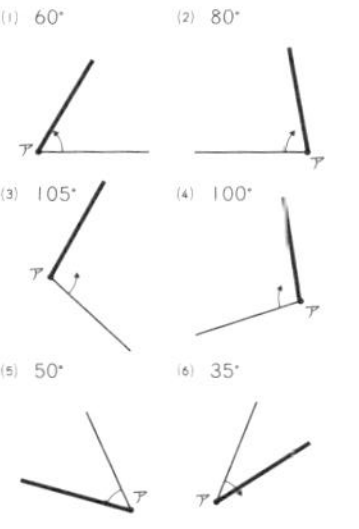

4 下の図のような三角形をかきましょう。

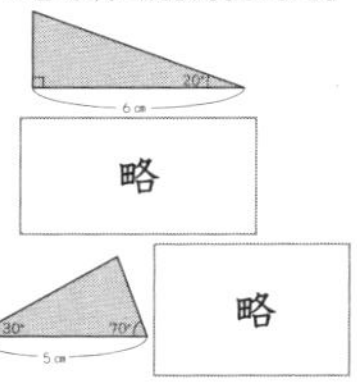

略

略

P21

思考判断表現 B

角の大きさ

1 あ～えの角度を求めましょう。

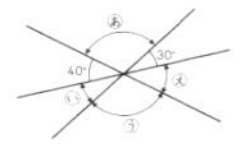

あ 110°　い 30°　う 110°　え 40°

2 下のあ～えの角度を求めます。

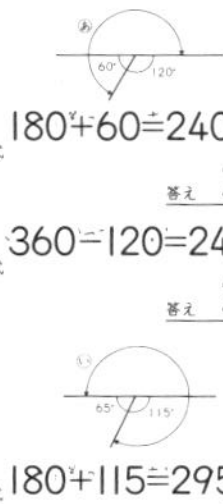

① 式 180°+60=240　答え 240°
② 式 360−120=240　答え 240°
① 式 180°+115=295　答え 295°
② 式 360−65=295　答え 295°

3 三角じょうぎを使ってできる角度を，式を書いて求めましょう。

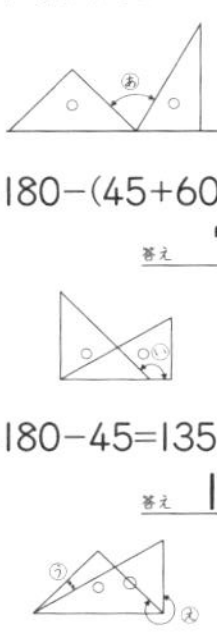

(1) あ式 180−(45+60)=75　答え 75°
(2) い式 180−45=135　答え 135°
(3) う式 45−30=15　答え 15°
え式 90−45=45　360−45=315　答え 315°

P22

学習準備

小数のしくみ

1 下のかさや長さを，小数で答えましょう。

(1) 1.6 L　(2) 0.3 L　(3) 1.2 m

2 □にあてはまる数を書きましょう。
(1) 3.4は1を 3 こ，0.1を 4 こ合わせた数です。
(2) 2.7は0.1を 27 こ集めた数です。
(3) 0.1を6こ集めた数は 0.6 です。
(4) 0.1を53こ集めた数は 5.3 です。

3 下の数直線で①～④が表している小数を書きましょう。

① 0.3　② 1.2　③ 2.5　④ 3.1

4 次の計算を筆算でしましょう。
(1) 2.5＋4.8　7.3
(2) 3.7＋6.3　10
(3) 0.4＋3　3.4
(4) 6.2−2.9　3.3
(5) 5.7−5　0.7
(6) 7−0.2　6.8

P23

知識技能 A

小数のしくみ

1 次のかさは何Lですか。

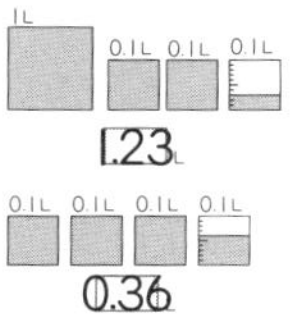

(1) 1.23　(2) 0.36

2 □にあてはまる数を書きましょう。
(1) 5.62は 1 を5こ，0.1 を6こ，0.01 を2こ合わせた数です。
(2) 0.01を7こ集めた数は 0.07 です。
(3) 0.01を46こ集めた数は 0.46 です。
(4) 1.472は0.001を 1472 こ集めた数です。

3 下の量を（　）の中の単位《たんい》だけを使って表しましょう。
(1) 1km826m（km） 1.826 km
(2) 2931g（kg） 2.931 kg

4 不等号を使って，大小を表しましょう。
(1) 5.08 ＜ 5.1
(2) 8.12 ＞ 8.06

5 次の数を書きましょう。
(1) 0.085を10倍した数　0.85
(2) 0.085を100倍した数　8.5
(3) 3.14を $\frac{1}{10}$ にした数　0.314
(4) 3.14を $\frac{1}{100}$ にした数　0.0314

6 次の計算を筆算でしましょう。
(1) 2.38＋4.75　7.13
(2) 1.08＋9.62　10.7
(3) 0.72＋8.6　9.32
(4) 4.05−1.98　2.07
(5) 2.1−2.04　0.06
(6) 5−2.09　2.91

P24

思考判断表現 A

小数のしくみ

1 ハイキングをしました。スタートして2.97km歩いたところで，休けいをしました。そして2.13km歩いて目的地につきました。スタートしてから目的地まで，全部で何km歩きましたか。
式 2.97+2.13=5.1　答え 5.1km

2 しずかさんの荷物は6.74kgあります。弟の荷物は6.2kgです。しずかさんの荷物の方が，何kg重いですか。
式 6.74−6.2=0.54　答え 0.54kg

3 5.4mのリボンがありました。2.85m使いました。残っているリボンは何mですか。
式 5.4−2.85=2.55　答え 2.55m

4 牛にゅうが2Lありました。お父さんが350mL飲みました。牛にゅうは，何L残っていますか。
式 350mL=0.35L　2−0.35=1.65　答え 1.65L

5 980gのランドセルに，1.5kgの学習用具を入れて学校へ行きます。学校へ持って行く荷物は，何kgになりますか。
式 980g=0.98kg　0.98+1.5=2.48　答え 2.48kg

P25

知識技能 B

小数のしくみ

1 次のかさは何Lですか。

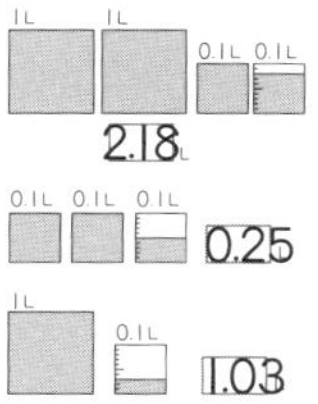

(1) 2.18　(2) 0.25　(3) 1.03

2 □にあてはまる数を書きましょう。
(1) 3.84は 1 を3こ，0.1 を8こ，0.01 を4こ合わせた数です。
(2) 0.01を21こ集めた数は 0.21 です。
(3) 0.01を274こ集めた数は 2.74 です。
(4) 5.3は0.01を 530 こ集めた数です。

3 下の量を（　）の中の単位だけを使って表しましょう。
(1) 1km700m（km） 1.7 km
(2) 920m（km） 0.92 km
(3) 2931g（kg） 2.931 kg
(4) 600g（kg） 0.6 kg

4 数直線のア～ウが表している小数を書きましょう。

ア 0.08　イ 0.77　ウ 1.02

5 次の数を書きましょう。
(1) 0.73を10倍した数　7.3
(2) 0.82を100倍した数　82
(3) 3.14を1000倍にした数　3140
(4) 2.69を $\frac{1}{10}$ にした数　0.269
(5) 4.97を $\frac{1}{100}$ にした数　0.0497

6 筆算で計算しましょう。
(1) 0.83＋5.4　6.23
(2) 1.06＋9.64　10.7
(3) 6.54＋4　10.54
(4) 2.6−2.06　0.54
(5) 1.04−0.08　0.96
(6) 7−4.03　2.97

P26

思考判断表現 B

小数のしくみ

1 ジュースが1.63Lありましたが，弟がこぼして0.9Lになってしまいました。弟はジュースを，何Lこぼしたのでしょうか。
式 1.63−0.9=0.73　答え 0.73L

2 お父さんは，12.2kgの荷物を運びます。お母さんは，7.85kgの荷物を運びます。私は5.05kgの荷物を運びます。
(1) お父さんの荷物は，私のより何kg重いですか。
式 12.2−5.05=7.15　答え 7.15kg
(2) 3人の荷物を合わせると，何kgになりますか。
式 12.2+7.85+5.05=25.1　答え 25.1kg

3 弟は1.2kgのカバンに0.84kgの学習道具と600gのゲーム機を入れて出かけます。
(1) カバンの中に入れたものの重さは，何kgになりますか。
式 600g=0.6kg　0.84+0.6=1.44　答え 1.44kg
(2) 学習道具とゲーム機を入れたカバンの重さは，全部で何kgになりましたか。
式 1.44+1.2=2.64　答え 2.64kg

4 リボンを4.8m使ったので，残りが1.54mになりました。リボンは，何mあったのでしょうか。
式 4.8+1.54=6.34　答え 6.34m

5 家から図書館まで，家から公園までの道のりは下の図のようになっています。

(1) 家から公園まで行く方が，家から図書館へ行くより何km近いですか。
式 850m=0.85km　1.4−0.85=0.55　答え 0.55km
(2) 図書館で借りた本を家に置いて公園へ行くとき，図書館から公園までの道のりは何kmになりますか。
式 1.4+0.85=2.25　答え 2.25km

6 6.38kgのスイカと980gのパイナップルがあります。
(1) 式 980g=0.98kg　6.38−0.98=5.4　答え 5.4kg
(2) 2つ合わせると，何kgですか。
式 6.38+0.98=7.36　答え 7.36kg

P27

学習準備

わり算の筆算(2)

1 計算をしましょう。
(1) 48÷3　16
(2) 69÷4　17あまり1
(3) 95÷6　15あまり5
(4) 885÷7　126あまり3
(5) 627÷3　209
(6) 784÷6　130あまり4
(7) 803÷4　200あまり3
(8) 488÷7　69あまり5
(9) 603÷9　67
(10) 567÷8　70あまり7
(11) 40÷10　4
(12) 260÷10　26

2 あめが80こあります。
(1) 6このふくろに同じ数ずつ分けると，1ふくろあたり何こになりますか。
式 80÷6=13あまり2　答え 13こ
(2) 10このふくろに同じ数ずつ分けると，1ふくろあたり何こになりますか。
式 80÷10=8　答え 8こ

3 みかんが128こあります。
(1) 1ふくろに5こずつ入れると，5こ入りのふくろはいくつできますか。
式 128÷5=25あまり3　答え 25ふくろ
(2) 1ふくろに10こずつ入れると，10こ入りのふくろはいくつできますか。
式 128÷10=12あまり8　答え 12ふくろ

P28

知識技能 A

わり算の筆算(2)

1 86÷21の筆算を説明します。□にあてはまることばや数を，下から選んで書きましょう。
(1) 十の位の計算
① 十の位 に商は立ちません。
(2) 一の位の計算
① 86÷21を 80÷20 と考えて，かりの商をたてます。
かりの商は 4 です。
② 21と 4 をかけます。
③ 86から 84 をひきます。
答えは 4 あまり 2 です。

一の位・十の位・100÷21・80÷20
2・3・4・5・84・86

2 次のわり算の商は何の位からたちますか。
(1) 26)105　一 の位
(2) 32)475　十 の位

3 下のわり算の，けん算の式を書きましょう。
98÷31＝3あまり5
31× 3 ＋ 5 ＝ 98

4 次の計算をしましょう。
(1) 78÷34　2あまり10
(2) 74÷24　3あまり2
(3) 89÷36　2あまり17
(4) 95÷35　2あまり25
(5) 114÷14　8あまり2
(6) 956÷21　45あまり11
(7) 538÷34　15あまり28
(8) 602÷34　17あまり24
(9) 215÷24　8あまり23
(10) 9537÷21　454あまり3

P29

思考判断表現 A　　月　日

わり算の筆算(2)

名前

1 □ にどんな数が入れば，商が２けたになりますか。(5×2)

(1) 28)2□5　8 9

(2) □7)345　1 2

2 おり紙が500まいあります。28人に同じまい数ずつ配ると，１人何まいになりますか。また，何まいあまりますか。(10×2)

式 500÷28=17あまり24

答え 17まいずつで，24まいあまる。

3 450cmのテープを35cmずつに切ります。35cmのテープは何本できて，何cmあまりますか。(10×2)

式 450÷35=12あまり30

答え 12本できて，30cmあまる。

4 １こ65円のおかしを何こか買うと，代金は910円でした。おかしを何こ買いましたか。(10×2)

式 910÷65=14

答え 14こ

5 382このミニトマトを，14こずつふくろに入れていきます。ふくろは何まい必要《ひつよう》で，トマトは何こあまりますか。(10×2)

式 382÷14=27あまり4

答え 27まい必要で，4こあまる。

6 計算が正しければ○を，まちがっていたら正しい答えを □ に書きましょう。(5×2)

(1) 14)97　7　98　1　→ 6あまり13

(2) 26)79　3　78　1　→ ○

29　(A3 141%・B4 122%拡大)

P30

知識技能 B　　月　日

わり算の筆算(2)

名前

1 91÷32の筆算を説明《せつめい》します。
□ にあてはまる言葉や数を書きましょう。(4×5)

① 十 の位に商はたちません。
一 の位に商をたてます。

② 91÷32を90÷ 30 と
考えて，かりの商として３をたてます。

③ 32×3＝96で91よりも大きくなります。
そこで，３を１小さい 2 にします。

④ 32に 2 をかけると64，
91から64をひくと27

⑤ 答えは 2 あまり 27 です。

2 次のわり算の商は，何の位からたちますか。(4×3)

(1) 18)105　一 の位

(2) 54)545　十 の位

(3) 26)236　一 の位

3 わり算のせいしつを使って計算しましょう。(4×3)

(1) 270÷90　3

(2) 4200÷700　6

(3) 54000÷600　90

4 次の筆算をして，けん算もしましょう。(4×2)

205÷21　9あまり16

けん算　21×9+16=205

5 次の計算をしましょう。(4×12)

(1) 74÷37　2

(2) 82÷36　2あまり10

(3) 93÷38　2あまり17

(4) 70÷17　4あまり2

(5) 315÷45　7

(6) 208÷23　9あまり1

(7) 316÷38　8あまり12

(8) 109÷18　6あまり1

(9) 852÷32　26あまり20

(10) 866÷27　32あまり2

(11) 468÷18　26

(12) 7249÷24　302あまり1

30　(A3 141%・B4 122%拡大)

P31

思考判断表現 B　　月　日

わり算の筆算(2)

名前

1 □にどんな数が入ればいいですか。(5×4)

(1) 商が１けたになるには

72)7□6　1 0

□9)788　7 8 9

(2) 商が２けたになるには

6□)621　2 1 0

37)3□0　7 8 9

2 バナナが154本あります。18人に同じ本数ずつ配ります。１人分は，何本になりますか。(5×2)

式 154÷18=8あまり10

答え 8本

3 くりが364こあります。１ふくろに25こずつ入れます。25こ入りのふくろは何ふくろできて，くりは何こあまりますか。(5×2)

式 364÷25=14あまり14

答え 14ふくろできて　14こあまる。

4 同じ重さのソーセージ55本の重さをはかると，3740gでした。このソーセージ１本の重さは，何gですか。(5×2)

式 3740÷55=68

答え 68g

5 16人分のおかしを買うと，代金は1200円でした。１人分は何円ですか。(5×2)

式 1200÷16=75

答え 75円

6 850この荷物を１回に28こずつ運びます。何回運べば，運び終わることができますか。

式 850÷28=30あまり10
30+1=31

答え 31回

7 長さが6mのリボンを切って，42cmのリボンを作ります。何本できて何cmあまりますか
6m=600cm

式 600÷42=14あまり12

答え 14本できて12cmあまる。

8 次の計算はまちがっています。どこがまちがっているか説《せつ》明して，正しい答えを書きましょう。(5×4)

(1) 14)477　33　42　57　42　15

〈解答例〉 あまりが，わる数よりも大きいところ。

正しい答え 34あまり1

(2) 12)362　3　36　2

〈解答例〉 商をたてる位置。

正しい答え 30あまり2

31　(A3 141%・B4 122%拡大)

P32

学習準備　　月　日

がい数

名前

1 どちらの数に近いですか。数直線のおよその位置《いち》に，点をかいて答えましょう。(10×6)

(1) 57は，50と60のどちらに近いですか。　40　50 (れい) 57　60　70　→ 60

(2) 232は，200と300のどちらに近いですか。　100　200 232 300　400　→ 200

(3) 6782は，6000と7000のどちらに近いですか。　5000　6000 6782 7000　8000　→ 7000

(4) 6782は，6700と6800のどちらに近いですか。　6700　6782　6800　→ 6800

(5) 84690は，80000と90000のどちらに近いですか。　80000　84690　90000　→ 80000

(6) 84690は，84000と85000のどちらに近いですか。　84000　84690　85000　→ 85000

2 ゆうじさんは，おかしを買いに行きました。ねだんの一の位《くらい》が，かくれていました。(10×4)
買える／買えない／どちらかわからないのどれかに○をつけましょう。

(1) チョコレートとポテトチップスは，150円で買えますか。
（ (買える) ／ 買えない ／ どちらかわからない ）

(2) アイスクリームとチョコレートは，200円で買えますか。
（ 買える ／ 買えない ／ (どちらかわからない) ）

(3) アイスクリームとポテトチップスは，200円で買えますか。
（ (買える) ／ 買えない ／ どちらかわからない ）

(4) アイスクリームとクッキーは，300円で買えますか。
（ 買える ／ (買えない) ／ どちらかわからない ）

32　(A3 141%・B4 122%拡大)

P33

知識技能 A　　月　日

がい数

名前

1 四捨五入《ししゃごにゅう》をして，（　）の位《くらい》までのがい数にしましょう。(5×6)

(1) 362 (百の位)　400

(2) 6432 (百の位)　6400

(3) 48736 (千の位)　49000

(4) 59636 (千の位)　60000

(5) 74589 (万の位)　70000

(6) 16037 (万の位)　20000

2 四捨五入をして，（　）の中のけたまでのがい数にしましょう。(5×4)

(1) 3500 (上から１けた)　4000

(2) 64215 (上から１けた)　60000

(3) 4839 (上から２けた)　4800

(4) 59720 (上から２けた)　60000

3 四捨五入をして，十の位までのがい数にすると170になりました。このときの整数のはんいを以上《いじょう》と未満《みまん》を使って表しましょう。(5×2)

160　170　180

165 以上 175 未満

4 百の位までのがい数にして，計算しましょう。(5×2)

(1) 348＋472　約800

(2) 1270－539　約800

5 千の位までのがい数にして，計算しましょう。(5×2)

(1) 1638＋5496　約7000

(2) 17290－4812　約12000

6 上から１けたのがい数にして式を書き，見《み》積《つ》もりをしましょう。(5×4)

(1) 928×375

式 900×400＝360000

約360000

(2) 6479÷29

式 6000÷30＝200

約200

33　(A3 141%・B4 122%拡大)

P34

思考判断表現 A　　月　日

がい数

名前

1 下の表は，動物園の午前，午後の入場者数です。(10×4)

時間帯	入場者数(人)
午前	5489
午後	3735

(1) 午前の方が，午後よりも何千何百人多いですか。何千何百人のがい数で求めましょう。

式 5500－3700＝1800

答え 約1800人

(2) 午前と午後を合わせると，何千何百人ですか。何千何百人のがい数で求めましょう。

式 5500+3700＝9200

答え 約9200人

2 １さら420円のたこ焼《や》きが186さら売れました。
たこ焼きの売り上げは，およそ何円でしょうか。上から１けたのがい数で見《み》積《つ》もりましょう。(10×2)

式 400+200＝80000

答え 約80000円

3 遠足で水族館へ行きました。(10×4)

(1) 47人で乗ったバス代は，102800円でした。１人分のバス代は，およそ何円になりますか。上から１けたのがい数で見積もりましょう。

式 100000÷50＝2000

答え 約2000円

(2) 水族館の入場料金は580円です。47人分の代金は，およそ何円になりますか。上から１けたのがい数で見積もりましょう。

式 600×50＝30000

答え 約30000円

34　(A3 141%・B4 122%拡大)

P35

知識技能 B　　月　日

がい数

名前

1 四捨五入《ししゃごにゅう》をして，（　）の位《くらい》までのがい数にしましょう。(4×4)

(1) 1483 (百の位)　1500

(2) 6532 (千の位)　7000

(3) 82036 (万の位)　80000

(4) 99636 (万の位)　100000

2 四捨五入をして，（　）の中のけたまでのがい数にしましょう。(4×4)

(1) 5627 (上から１けた)　6000

(2) 72814 (上から１けた)　70000

(3) 48392 (上から２けた)　48000

(4) 99734 (上から２けた)　100000

3 次の整数のはんいを，以上《いじょう》と未満《みまん》を使って表しましょう。(4×4)

(1) 四捨五入をして，十の位までのがい数にすると380になる整数のはんい

370　380　390

375 以上 385 未満

(2) 四捨五入をして，百の位までのがい数にすると4600になる整数のはんい

4550　4600　4650

4550 以上 4650 未満

4 百の位までのがい数にして計算しましょう。(4×2)

(1) 1308＋784　約2100

(2) 5470－2149　約3400

5 千の位までのがい数にして計算しましょう。(4×3)

(1) 5278＋6912　約12000

(2) 17638＋33789　約52000

(3) 6843－3280　約4000

6 上から１けたのがい数にして見《み》積《つ》もる式を書き，答えを求めましょう。(4×8)

(1) 45×74

式 50×70=3500

約3500

(2) 892×327

式 900×300=270000

約270000

(3) 8265÷42

式 8000÷40=200

約200

(4) 9517÷217

式 10000÷200=50

約50

35　(A3 141%・B4 122%拡大)

P36

思考判断表現 B　　月　日

がい数

名前

1 下の表は，遊園地の土曜，日曜の入場者数です。(5×4)

曜日	入場者数(人)
土曜	12703
日曜	29465

(1) 土日の入場者数は，あわせて約何人ですか。千の位までのがい数で求めましょう。

式 13000+29000
=42000

答え 約42000人

(2) 日曜の方が，土曜よりも約何人多いですか。千の位までのがい数で求めましょう。

式 29000－13000
=16000

答え 約16000人

2 バス旅行の参加者52人から，代金を集金します。１人分は3980円です。
全部で約何円になりますか。上から１けたのがい数で見《み》積《つ》もりましょう。(10×2)

式 4000×50
=200000

答え 約200000円

3 キャラメル工場では，28700このキャラメルを18こずつ箱に入れます。
約何箱できますか。上から１けたのがい数で見積もりましょう。(10×2)

式 30000÷20
=1500

答え 約1500箱

4 1000円でおかしを買います。(10×4)

(1) キャンディ，ドーナツ，プリンは1000円で買えますか。ア～ウの中から見積りの式にあてはまるものを選んで記号を書き，買えるか買えないかどちらかに○をつけましょう。

㋐ 100＋200＋300

㋑ 200＋200＋400

㋒ 200＋300＋400　ウ

（ (買える) ・ 買えない ）

(2) ケーキ，ドーナツ，プリンは1000円で買えますか。代金を見積り，買えるか買えないか答えましょう。

式 〈解答例〉
500+200+300
=1000

答え 約1000 円

買えない

36　(A3 141%・B4 122%拡大)

P37

学習準備　　月　日

計算のきまり

名前

1 230円のチョコレートと180円のクッキーを１こずつ買って，500円をはらいました。(10×4)

(1) チョコレートとクッキーを１こずつ買ったときの代金は，何円ですか。

式 230+180=410

答え 410円

(2) おつりは，何円になりますか。

式 500－410=90

答え 90円

2 400円のマグカップ１こと，１本80円のえんぴつを３本買いました。代金は，何円になりますか。(10×2)

式 80×3=240
400+240=640

答え 640円

3 100円のパンと80円のジュースをセットにして３人分買いました。(10×4)

(1) １人分は，何円になりますか。

式 100+80=180

答え 180円

(2) ３人分では，何円になりますか。

式 180×3=540

答え 540円

37　(A3 141%・B4 122%拡大)

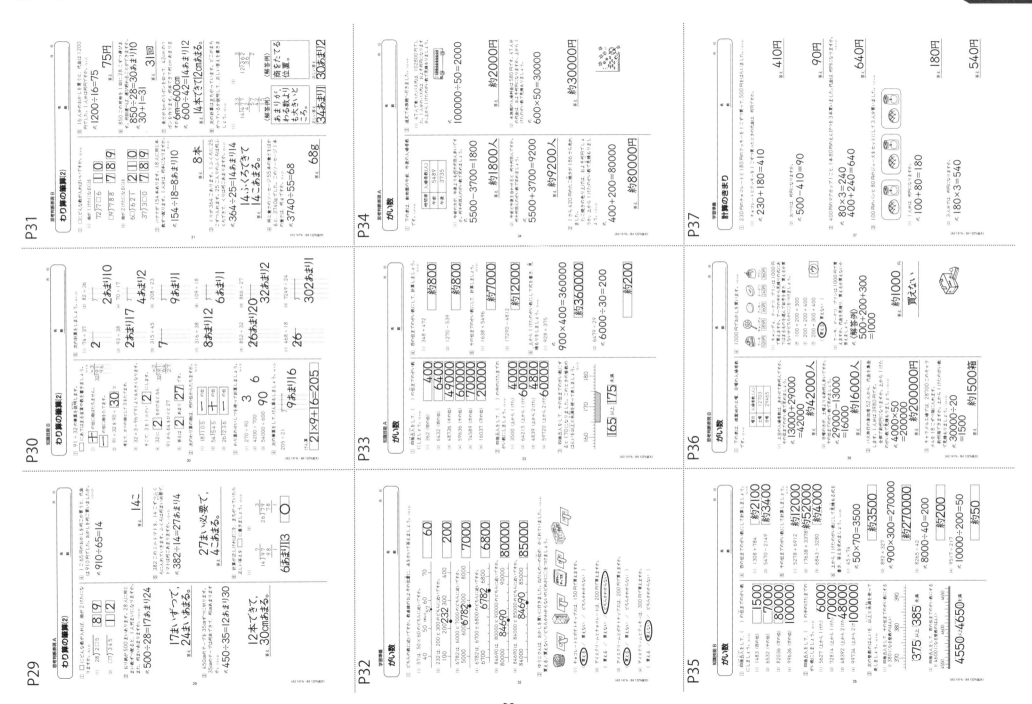

児童に実施させる前に，必ず指導される方が問題を解いてください。本書の解答は，あくまでも１つの例です。指導される方の作られた解答をもとに，本書の解答例を参考に児童の多様な考えに寄り添って○つけをお願いします。

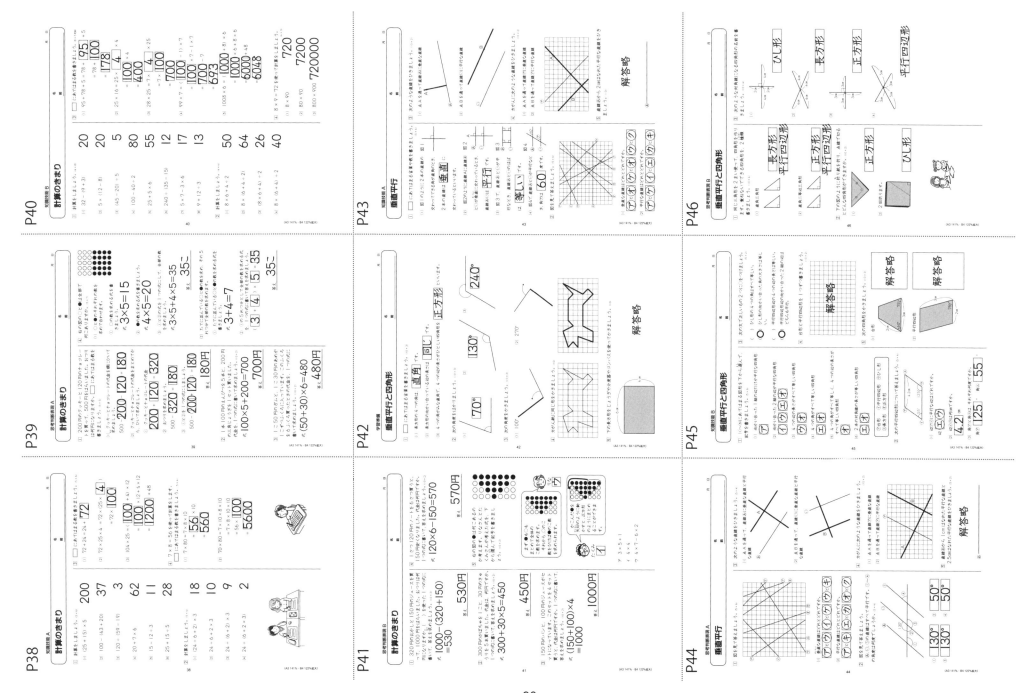

P38

知識技能 A

計算のきまり

1 計算をしましょう。
(1) (25＋15)×5　200
(2) 100－(43＋20)　37
(3) 120÷(59－19)　3
(4) 20＋7×6　62
(5) 15－12÷3　11
(6) 25＋15÷5　28

2 計算をしましょう。
(1) (24÷6＋2)×3　18
(2) 24÷6＋2×3　10
(3) 24÷(6＋2)×3　9
(4) 24÷(6＋2×3)　2

3 □にあてはまる数を書きましょう。
(1) 72＋24＝24＋[72]
(2) 72×25×4 ＝72×(25×[4])
＝72×[100]
(3) 104×25＝([100]＋4)×12
＝[100]×12＋4×12
＝[1200]＋48

4 7×8＝56を使って計算をします。□にあてはまる数を書きましょう。
(1) 7×80＝7×8×10
＝[56]×10
＝[560]
(2) 70×80＝7×10×8×10
＝7×8×10×10
＝56×[100]
＝[5600]

P39

思考判断表現 A

計算のきまり

1 200円のクッキーと120円のチョコレートを買って，500円をはらいました。おつりは何円になりますか。□にあてはまる数を書きましょう。
(1) クッキーとチョコレートの代金を順にひいて求めましょう。
500－[200]－[120]＝[180]
(2) クッキーとチョコレートの代金をまとめてから，ひいて求めましょう。
① クッキーとチョコレートの代金
[200]＋[120]＝[320]
② おつりを求めましょう。
500－[320]＝[180]
③ ①と②を1つの式にしましょう。
500－([200]＋[120])＝[180]
答え 180円

2 1本100円のえんぴつを5本と，200円の三角じょうぎを1セット買いました。代金を，1つの式に書いて求めましょう。
式 100×5＋200＝700
答え 700円

3 1こ50円のガムと，1こ30円のあめが1こずつふくろに入っています。このふくろを6ふくろ買ったときの代金を，1つの式に書いて求めましょう。
式 (50＋30)×6＝480
答え 480円

4 右の図の○と●は全部で何こありますか。
(1) ○と●のそれぞれの数を求めて合わせます。
① ○の数を求める式を書きましょう。
式 3×5＝15
② ●の数を求める式を書きましょう。
式 4×5＝20
③ ①と②の式を1つの式にして，全部の数を求めましょう。
式 3×5＋4×5＝35
答え 35こ
(2) たてに並んでいる○と●の数を求め，その5れつ分で全部の数を求めます。
① たてに並んでいる○と●の数を求める式を書きましょう。
式 3＋4＝7
② ①の5れつ分として全部の数を求める式を，1つの式に書いて答えを求めましょう。
([3]＋[4])×[5]＝35
答え 35こ

P40

知識技能 B

計算のきまり

1 計算をしましょう。
(1) 32－(9＋3)　20
(2) 5×(12－8)　20
(3) (45－20)÷5　5
(4) 100－40÷2　80
(5) 25＋5×6　55
(6) 240÷(35－15)　12
(7) 5×7－3×6　17
(8) 9＋12÷3　13

2 計算をしましょう。
(1) 8×6＋4÷2　50
(2) 8×(6＋4÷2)　64
(3) (8×6＋4)÷2　26
(4) 8×(6＋4)÷2　40

3 □にあてはまる数を書きましょう。
(1) 95＋78＋5＝78＋[95]＋5
＝78＋[100]
＝[178]
(2) 25×16＝25×[4]×4
＝[100]×4
＝[400]
(3) 28×25＝7×[4]×25
＝7×[100]
＝[700]
(4) 99×7＝([100]－1)×7
＝[100]×7－1×7
＝[700]－7
＝[693]
(5) 1008×6＝([1000]＋8)×6
＝[1000]×6＋8×6
＝[6000]＋48
＝[6048]

4 8×9＝72を使って計算をしましょう。
(1) 8×90　720
(2) 80×90　7200
(3) 800×900　720000

P41

思考判断表現 B

計算のきまり

1 320円のおかしと150円のジュースを買って，1000円をはらいました。おつりは何円になりますか。(　)を使った1つの式に書いて，答えを求めましょう。
式 1000－(320＋150)
＝530
答え 530円

2 300円のかぼちゃを1こと，30円のきゅうりを5本買いました。代金は，何円ですか。1つの式に書いて，答えを求めましょう。
式 300＋30×5＝450
答え 450円

3 150円のパンと，100円のジュースがセットになっています。このセットを4セット買うと，代金は何円ですか。1つの式に書いて，答えを求めましょう。
式 (150＋100)×4
＝1000
答え 1000円

4 1さつ120円のノートを6さつ買うと，150円安くなりました。代金は何円ですか。1つの式に書いて，答えを求めましょう。
式 120×6－150＝570
答え 570円

5 右の図の●は何こあるのか考えます。りなさんとたくみさんが考えた式を，下から選んで記号を書きましょう。

まず，●も○もまとめて全体のこ数を求めます。それから，○のこ数をひけば●のこ数を求められます。
りな
ウ
かこんだ●を矢印のように動かすと，正方形のようにまとめることができます。
たくみ
イ

ア　3×5＋1
イ　4×4
ウ　4×7－6×2

P42

学習準備

垂直平行と四角形

1 □にあてはまる言葉を書きましょう。
(1) 長方形の4つの角は，[直角]です。
(2) 長方形の向かい合っている辺の長さは[同じ]です。
(3) 4つの角がみな直角で，4つの辺の長さがひとしい四角形を[正方形]といいます。

2 次の角度をはかりましょう。
(1) 70°　(2) 130°　(3) 240°

3 次の角度をかきましょう。
(1) 100°　(2) 270°

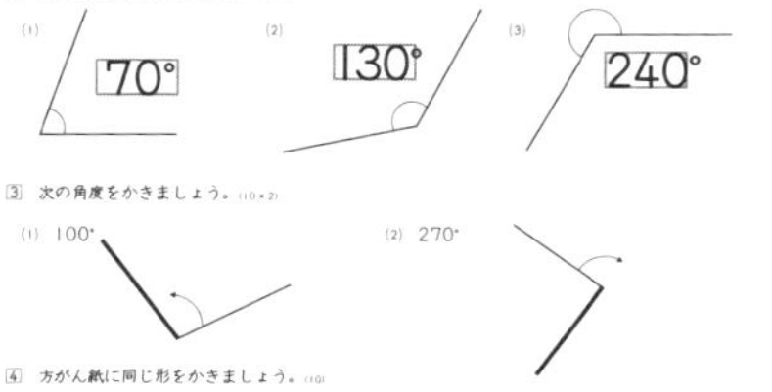

4 方がん紙に同じ形をかきましょう。

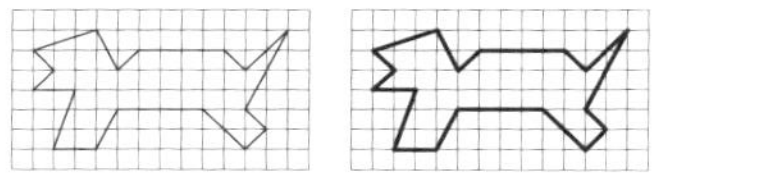

5 下の長方形をじょうぎや分度器やコンパスを使ってかきましょう。

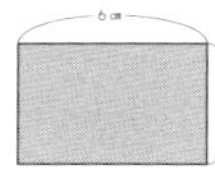

解答略

P43

知識技能 A

垂直平行

1 □にあてはまる言葉や数を書きましょう。
(1) 図1のように2本の直線の交わってできる角が直角のとき，2本の直線は[垂直]に交わっているといいます。
(2) 図2のように直線Aに直線あといが垂直に交わっているとき，直線あといは[平行]です。
(3) 図3で，直線あといが平行なとき，直線あといのはばは[等しい]です。
(4) 図4で，直線あといが平行なとき，角アは[60]度です。

2 図を見て答えましょう。
(1) 垂直な直線はどれとどれですか。
ア と オ　ケ と オ　ウ と ク
(2) 平行な直線はどれとどれですか。
ア と ケ　イ と エ　カ と キ

3 次のような直線をひきましょう。
(1) 点Aを通って直線あに垂直な直線
(2) 点Bを通って直線いに平行な直線

4 方がんに次のような直線をひきましょう。
(1) 点Aを通って直線アに垂直な直線
(2) 点Bを通って直線アに平行な直線

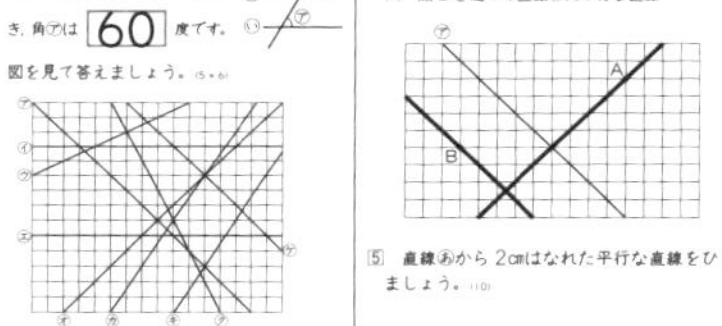

5 直線あから2cmはなれた平行な直線をひきましょう。

解答略

P44

思考判断表現 A

垂直平行

1 図を見て答えましょう。

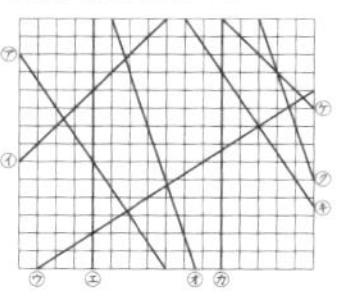

(1) 垂直な直線はどれとどれですか。
ア と ウ　イ と ケ　ウ と キ
(2) 平行な直線はどれとどれですか。
ア と キ　エ と カ　オ と ク

2 図を見て答えましょう。
あ，い，うの直線はすべて平行です。①〜④の角度は何度でしょうか。

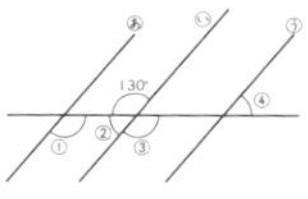

① 130°　② 50°
③ 130°　④ 50°

3 次のような直線をひきましょう。
(1) 点Aを通って，直線あに垂直な直線と平行な直線
(2) 点Bを通って，直線いに垂直な直線と平行な直線

4 方がんに次のような直線をひきましょう。
(1) 点Aを通って直線アに垂直な直線
(2) 点Bを通って直線アに平行な直線

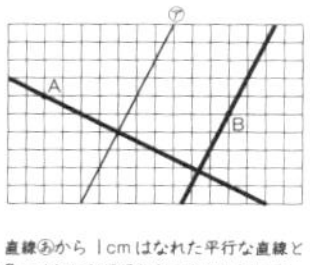

5 直線あから1cmはなれた平行な直線と2.5cmはなれた平行な直線をひきましょう。

解答略

P45

知識技能 B

垂直平行と四角形

1 (1)〜(6)にあてはまる図形を下から選んで，記号を書きましょう。
(1) 向かい合った1組の辺だけが平行な四角形
ア
(2) 向かい合った2組の辺が平行な四角形
イ ウ エ オ
(3) 4つの辺の長さがすべて等しい四角形
ウ オ
(4) 4つの角がすべて等しい四角形
エ オ
(5) 4つの角がすべて等しく，4つの辺の長さがすべて等しい四角形
オ
(6) 2本の対角線の長さが等しい四角形
エ オ

ア台形　イ平行四辺形　ウひし形
エ長方形　オ正方形

2 次の平行四辺形について答えましょう。

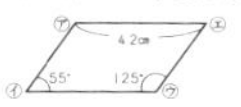

(1) 辺アイと平行な辺はどれですか。
辺 エウ
(2) 辺イウは何cmですか。
4.2 cm
(3) 角アと角ウは，それぞれ何度ですか。
角ア 125°　角ウ 55°

3 次の文で正しいもの2つに○をつけましょう。
(　) ひし形の4つの角はすべて等しい。
(○) ひし形の向かい合った角の大きさは等しい。
(　) 平行四辺形の4つの辺の長さは等しい。
(○) 平行四辺形の向かい合った2組の辺はどちらも平行。

4 台形と平行四辺形を1つずつ書きましょう。

解答略

5 次の四角形をかきましょう。
(1) 台形
(2) 平行四辺形

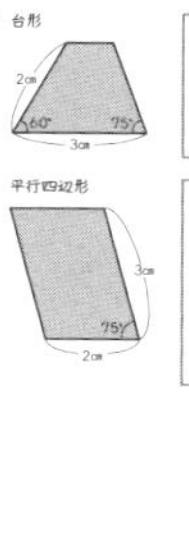

解答略

解答略

P46

思考判断表現 B

垂直平行と四角形

1 同じ三角形を2まい使って，四角形を作ります。重ねないでできる四角形を，2種類書きましょう。
(1) 直角三角形
長方形
平行四辺形
(2) 直角二等辺三角形
正方形
平行四辺形

2 下の図のように折り紙を折り，点線で切るとどんな四角形ができますか。
(1) 正方形
(2) 2回折ります。
ひし形

3 次のような対角線になる四角形の名前を書きましょう。
(1) ひし形
(2) 長方形
(3) 正方形
(4) 平行四辺形

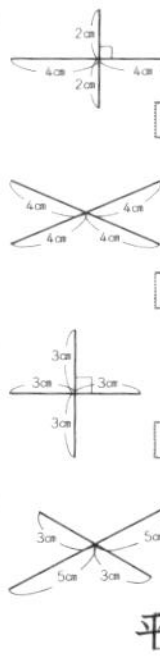

P47

知識技能 B

垂直平行と四角形

名前　　　月　日

1 (1)〜(6)にあてはまる図形を下から選《えら》んで，記号を書きましょう。

(1) ４つの角がすべて等しい四角形　エ オ

(2) 向かい合った辺の１組が平行な四角形　ア

(3) 向かい合った２組の辺が平行な四角形　イ ウ エ オ

(4) 向かい合った角が等しいが直角でない四角形　イ ウ

(5) ２本の対角線の長さが等しい四角形　エ オ

㋐台形　㋑平行四辺形　㋒ひし形　㋓長方形　㋔正方形

2 次の四角形の角度や辺の長さを求めましょう。

(1) ㋐ 4.8 cm　㋑ 3.2 cm　㋒ 135°

(2) ㋓ 2 cm　㋔ 130°　㋕ 50°

3 四角形の特ちょうで正しいものには○，正しくないものには×を（　）に書きましょう。

平行四辺形
- ○ 向かい合った角の大きさは等しい。
- × となりあった２つの角をたすと100°である。
- ○ 向かい合った辺の長さは等しい。

ひし形
- ○ ４つの辺の長さは等しい。
- ○ 向かい合った角の大きさは等しい。
- × 向かい合った辺は垂直である。

4 下の平行な直線を使って，台形と平行四辺形を１つずつかきましょう。

解答略

5 次の四角形をかきましょう。

(1) 台形　解答略

(2) 辺の長さが5cmと3cmで，その間の１つの角が60°の平行四辺形　解答略

P48

思考判断表現 B

垂直平行と四角形

1 点A，B，Cを頂点とする平行四辺形を３つかきましょう。

2 下の図のように，半径が等しい円を２つ交わるようにかき，交わった点と円の中心をつなぐと，どんな形ができますか。また，その理由を説明しましょう。

ひし形（正方形）

理由　同じ円の半径が辺の長さになっているので，４つの辺の長さが等しいから。

3 対角線について表にまとめましょう。持つようがいつでもあてはまる場合は，○をつけましょう。

四角形の名前／対角線の特ちょう	台形	平行四辺形	ひし形	長方形	正方形
２本の対角線の長さが等しい				○	○
２本の対角線がそれぞれ真ん中の点で交わる		○	○	○	○
２本の対角線が垂直に交わる			○		○

4 下の図のように，長方形に対角線をひいて４つ合わせました。図の中にある四角形を，すべて書きましょう。

台形，平行四辺形
長方形，正方形
ひし形

P49

学習準備

分　数

1 □にあてはまる言葉を書きましょう。

$\frac{1}{2}$ (1) 線の下の数を 分母 といいます。(2) 線の上の数を 分子 といいます。

2 色をぬった長さを分数で表しましょう。

(1) $\frac{1}{2}$ m　(2) $\frac{3}{4}$ m　(3) $\frac{2}{3}$ L　(4) $\frac{4}{5}$ L

3 □にあてはまる数を書きましょう。

(1) $\frac{2}{3}$ mは $\frac{1}{3}$ mの 2 こ分です。　(2) $\frac{3}{5}$ Lは $\frac{1}{5}$ Lの３こ分です。

(3) $\frac{4}{4}$ Lの 4 こ分は１Lです。　(4) １Lは $\frac{1}{6}$ Lの６こ分です。

4 どちらの数が大きいですか。□に等号・不等号（＝，>，<）を入れましょう。

(1) $\frac{2}{5}$ < $\frac{3}{5}$　(2) 1 > $\frac{6}{7}$　(3) 0.6 > $\frac{5}{10}$　(4) $\frac{4}{10}$ = 0.4

5 次の計算をしましょう。

(1) $\frac{3}{7}+\frac{2}{7}$ $\frac{5}{7}$　(2) $\frac{3}{4}+\frac{1}{4}$ 1　(3) $\frac{3}{8}+\frac{5}{8}$ 1

(4) $\frac{7}{9}-\frac{2}{9}$ $\frac{5}{9}$　(5) $1-\frac{1}{2}$ $\frac{1}{2}$　(6) $1-\frac{2}{5}$ $\frac{3}{5}$

P50

知識技能 A

分　数

1 次の色をぬった部分の長さは，何mですか。帯分数と仮分数で表しましょう。

(1) 帯分数 $1\frac{2}{5}$ m　仮分数 $\frac{7}{5}$ m

(2) 帯分数 $1\frac{3}{4}$ m　仮分数 $\frac{7}{4}$ m

2 帯分数を仮分数にしましょう。

(1) $2\frac{1}{3}$ $\frac{7}{3}$　(2) $3\frac{2}{5}$ $\frac{17}{5}$

3 仮分数を帯分数か整数にしましょう。

(1) $\frac{11}{4}$ $2\frac{3}{4}$　(2) $\frac{27}{9}$ 3

4 下の数直線を見て答えましょう。

(1) $\frac{1}{3}$ と等しい分数を，数直線からさがして書きましょう。　$\frac{2}{6}$

(2) $\frac{1}{2}$ と等しい分数を，数直線からさがして書きましょう。　$\frac{2}{4}$　$\frac{3}{6}$

5 たし算をしましょう。

(1) $\frac{4}{5}+\frac{2}{5}$ $\frac{6}{5}$ $(1\frac{1}{5})$

(2) $\frac{9}{7}+\frac{3}{7}$ $\frac{12}{7}$ $(1\frac{5}{7})$

(3) $2+1\frac{1}{6}$ $3\frac{1}{6}$

(4) $2\frac{4}{5}+\frac{3}{5}$ $3\frac{2}{5}$

6 ひき算をしましょう。

(1) $\frac{11}{8}-\frac{3}{8}$ 1

(2) $4\frac{5}{7}-\frac{2}{7}$ $4\frac{3}{7}$

(3) $\frac{13}{5}-\frac{3}{5}$ 2

(4) $1\frac{1}{8}-\frac{5}{8}$ $\frac{4}{8}$ $(\frac{1}{2})$

(5) $3-1\frac{1}{3}$ $1\frac{2}{3}$

P51

思考判断表現 A

分　数

1 $\frac{23}{4}$ を計算で帯分数にする方法を説明します。□にあてはまる数を書きましょう。

$\frac{1}{4}$ の 4 こ分で１になるので，23 ÷ 4 の計算をします。

計算すると，5 あまり３になるので $\frac{23}{4}$ を帯分数にすると $5\frac{3}{4}$ になります。

2 牛にゅうが，ビンに $1\frac{1}{5}$ L入っています。パックには $\frac{4}{5}$ L入っています。

(1) 合わせると何Lになりますか。

式 $1\frac{1}{5}+\frac{4}{5}=2$　答え 2L

(2) ビンとパックの量のちがいは，何Lですか。

式 $1\frac{1}{5}-\frac{4}{5}=\frac{2}{5}$　答え $\frac{2}{5}$ L

3 $14\frac{7}{8}$ ㎡の土地があります。$5\frac{2}{8}$ ㎡を花畑にして，残りの土地を野菜畑にします。野菜畑は何㎡ですか。

式 $14\frac{7}{8}-5\frac{2}{8}=9\frac{5}{8}$　答え $9\frac{5}{8}$ ㎡

4 $\frac{1}{2}$ L，$\frac{2}{4}$ L，$\frac{4}{8}$ Lが等しいことを図にかき，言葉でも説明しましょう。

(1) $\frac{1}{2}$ と $\frac{2}{4}$ しが等しいこと

説明　色をぬった部分の大きさは，同じになるから。

(2) $\frac{1}{2}$ と $\frac{4}{8}$ しが等しいこと

説明　色をぬった部分の大きさは，同じになるから。

P52

知識技能 B

分　数

1 次の色をぬった部分の長さは，何mですか。帯分数と仮分数で表しましょう。

(1) 帯分数 $2\frac{1}{6}$ m　仮分数 $\frac{13}{6}$ m

(2) 帯分数 $2\frac{3}{4}$ m　仮分数 $\frac{11}{4}$ m

2 帯分数を仮分数にしましょう。

(1) $1\frac{4}{5}$ $\frac{9}{5}$　(2) $2\frac{5}{12}$ $\frac{29}{12}$

3 仮分数を帯分数か整数にしましょう。

(1) $\frac{24}{6}$ 4　(2) $\frac{45}{11}$ $4\frac{1}{11}$

4 下の数直線を見て答えましょう。

(1) $\frac{4}{6}$ と等しい分数を，数直線からさがして書きましょう。　$\frac{2}{3}$

(2) $\frac{2}{4}$ と等しい分数を，数直線からさがして書きましょう。　$\frac{1}{2}$　$\frac{3}{6}$　$\frac{4}{8}$

5 次の分数の大小を不等号を使って表しましょう。

(1) $\frac{10}{7}$ > $1\frac{2}{7}$　(2) $3\frac{1}{3}$ > $\frac{8}{3}$　(3) $\frac{41}{9}$ < $4\frac{7}{9}$

6 たし算をしましょう。

(1) $\frac{5}{7}+\frac{6}{7}$ $\frac{11}{7}$ $(1\frac{4}{7})$

(2) $1\frac{2}{5}+\frac{1}{5}$ $1\frac{3}{5}$

(3) $\frac{3}{7}+1\frac{4}{7}$ 2

(4) $5+1\frac{4}{5}$ $6\frac{4}{5}$

(5) $2\frac{7}{9}+\frac{8}{9}$ $3\frac{6}{9}$ $(3\frac{2}{3})$

(6) $1\frac{4}{5}+1\frac{3}{5}$ $3\frac{2}{5}$

7 ひき算をしましょう。

(1) $\frac{11}{5}-\frac{7}{5}$ $\frac{4}{5}$

(2) $\frac{11}{3}-\frac{2}{3}$ 3

(3) $3\frac{5}{7}-\frac{2}{7}$ $3\frac{3}{7}$

(4) $5\frac{3}{4}-\frac{3}{4}$ 5

(5) $3\frac{2}{5}-\frac{4}{5}$ $2\frac{3}{5}$

(6) $4-1\frac{3}{4}$ $2\frac{1}{4}$

P53

思考判断表現 B

分　数

1 $\frac{25}{7}$ を計算で帯分数にする方法を説明します。□にあてはまる数を書きましょう。

$\frac{1}{7}$ は 7 こ分で１になるので，25 ÷ 7 の計算をします。

計算すると，3 あまり４になるので $\frac{25}{7}$ を帯分数にすると $3\frac{4}{7}$ になります。

2 $4\frac{2}{9}$ を計算で仮分数にする方法を説明します。□にあてはまる数を書きましょう。

$\frac{1}{9}$ は 9 こ分で１になるので，9 × 4 = 36の計算をします。

36に 2 をたした数が分子です。$4\frac{2}{9}$ を仮分数にすると $\frac{38}{9}$ になります。

3 Aのリボンは $5\frac{4}{5}$ mです。Bのリボンは $8\frac{1}{5}$ mです。

(1) AとBの長さのちがいは，何mですか。

式 $8\frac{1}{5}-5\frac{4}{5}=2\frac{2}{5}$　答え $2\frac{2}{5}$ m

(2) ２本のリボンをつなぐと何mになりますか。

式 $5\frac{4}{5}+8\frac{1}{5}=14$　答え 14m

4 布が4㎡ありました。$2\frac{2}{3}$ ㎡使いました。布は何㎡残っていますか。

式 $4-2\frac{2}{3}=1\frac{1}{3}$　答え $1\frac{1}{3}$ ㎡

5 $\frac{2}{3}$ L，$\frac{4}{6}$ L，$\frac{6}{9}$ Lが等しいことを図にかき，言葉でも説明しましょう。

(1) $\frac{2}{3}$ Lと $\frac{4}{6}$ Lが等しいこと

説明　色をぬった部分の大きさが同じだから。

(2) $\frac{2}{3}$ Lと $\frac{6}{9}$ Lが等しいこと

説明　色をぬった部分の大きさが同じだから。

P54

学習準備

変わり方調べ

1 高さ2cmの積木を下の図のように積んだときの高さを求めましょう。

(1) １このとき　式 2×1=2　答え 2cm

(2) ２このとき　式 2×2=4　答え 4cm

(3) ３このとき　式 2×3=6　答え 6cm

(4) ４このとき　式 2×4=8　答え 8cm

2 下の図形のまわりの長さを求めましょう。

(1) 長方形　式 (3+6)×2=18　答え 18cm

(2) 正方形　１辺が3cm　式 3×4=12　答え 12cm

(3) 正三角形１こ　式 4×3=12　答え 12cm

(4) 正三角形２こ　式 4×4=16　答え 16cm

3 わからない数を□として式に表し，□の数を求めましょう。

(1) 150gのかごに□gのみかんを入れると，全体で450gになりました。

式 150+□=450　□=450−150　□=300　答え 300

(2) あめが□こずつ入った箱が４箱あります。あめは全部で32こです。

式 □×4=32　□=32÷4　□=8　答え 8

P55

知識技能 A

変わり方調べ

1 90まいある紙を毎日，10まいずつ使います。使ったまい数と残りのまい数の関係を，表に表しましょう。

使ったまい数と残りのまい数

使ったまい数(まい)	10	20	30	40	50	60
残りのまい数(まい)	80	70	60	50	40	30

2 下のように，ひごを使って正三角形をならべていきます。三角形の数とまわりのひごの本数の関係を，表に表しましょう。

三角形の数とまわりのひごの本数

三角形の数(こ)	1	2	3	4	5	6
ひごの数(本)	3	4	5	6	7	8

3 １だんの高さが20cmの階だんがあります。階だんの数と下からの高さの関係を，表に表しましょう。

階だんの数と下からの高さ

階だんの数(だん)	1	2	3	4	5	6
下からの高さ(cm)	20	40	60	80	100	120

4 下のように，長さ１cmのひごを14本使って長方形を作ります。長方形のたての長さと横の長さの関係を，表に表しましょう。

長方形のたての長さと横の長さ

たての長さ(cm)	1	2	3	4	5	6
横の長さ(cm)	6	5	4	3	2	1

5 たての長さを4cmと決めて，横の長さを変えて長方形を作ります。長方形の横の長さと面積の関係を，表に表しましょう。

長方形の横の長さと面積

横の長さ(cm)	1	2	3	4	5	6
面　積(㎠)	4	8	12	16	20	24

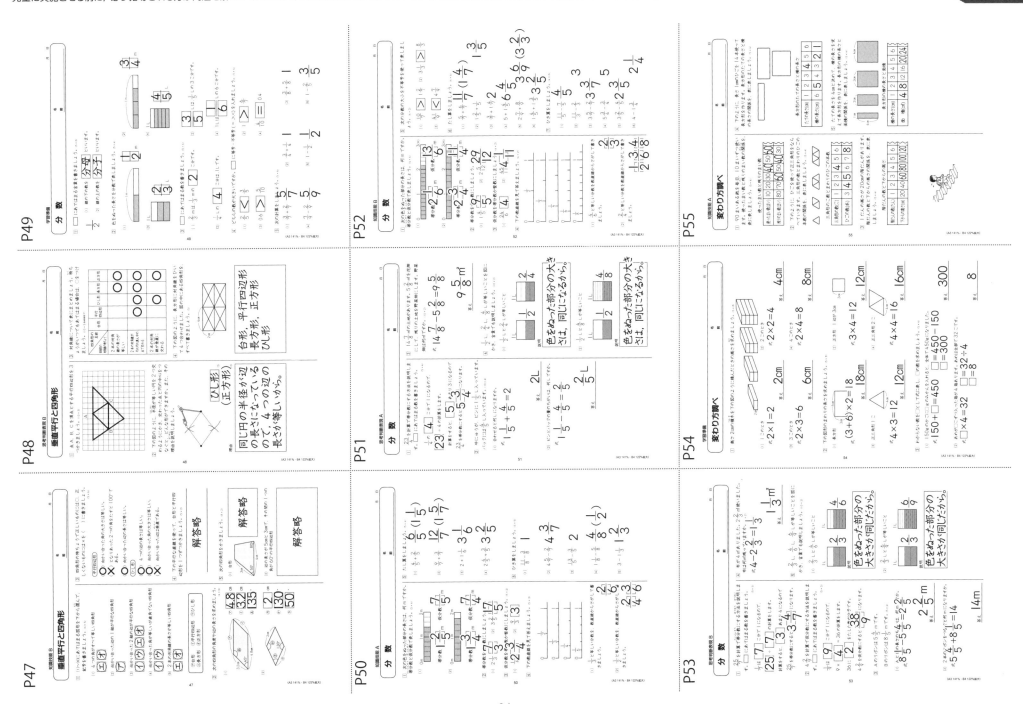

解答

児童に実施させる前に，必ず指導される方が問題を解いてください。本書の解答は，あくまでも１つの例です。指導される方の作られた解答をもとに，本書の解答例を参考に児童の多様な考えに寄り添って○つけをお願いします。

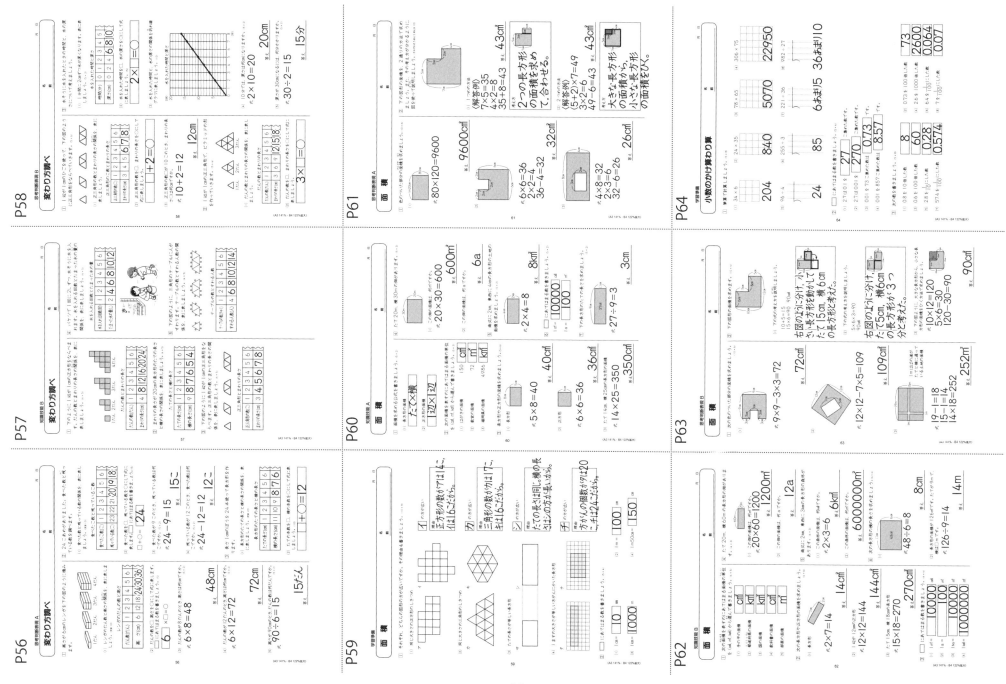

P56
思考判断表現A
変わり方調べ

(1) | だんの数(だん) | 1 | 2 | 3 | 4 | 5 | 6 |
|---|---|---|---|---|---|---|
| 高さ(cm) | 6 | 12 | 18 | 24 | 30 | 36 |

(2) 6 ×□=○
(3) 式 6×8=48　答え 48cm
(4) 式 6×12=72　答え 72cm
(5) 式 90÷6=15　答え 15だん

(1)
食べた数(こ)	1	2	3	4	5	6
残っている数(こ)	23	22	21	20	19	18

(2) □+○= 24
(3) 式 24−9=15　答え 15こ
(4) 式 24−12=12　答え 12こ

(1)
たての長さ(cm)	1	2	3	4	5	6
横の長さ(cm)	11	10	9	8	7	6

(2) □+○=12

P57
知識技能B
変わり方調べ

だんの数(だん)	1	2	3	4	5	6
まわりの長さ(cm)	4	8	12	16	20	24

たての長さ(cm)	1	2	3	4	5	6
横の長さ(cm)	9	8	7	6	5	4

正三角形の数(こ)	1	2	3	4	5	6
まわりの長さ(cm)	3	4	5	6	7	8

水を入れる回数(回)	1	2	3	4	5	6
たまった水の量(L)	2	4	6	8	10	12

テーブルの数(きゃく)	1	2	3	4	5	6
すわる人数(人)	4	6	8	10	12	14

P58
思考判断表現B
変わり方調べ

正三角形の数(こ)	1	2	3	4	5	6
まわりの長さ(cm)	3	4	5	6	7	8

□+2=○
式 10+2=12　答え 12cm

だんの数(だん)	1	2	3	4	5	6
まわりの長さ(cm)	3	6	9	12	15	18

3×□=○

時間(分)	0	1	2	3	4	5
深さ(cm)	0	2	4	6	8	10

2×□=○

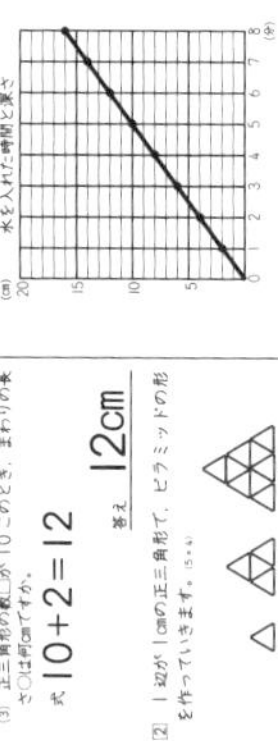

式 2×10=20　答え 20cm
式 30÷2=15　答え 15分

P59
学習準備
面積

イ　理由 正方形の数がアは14こ，イは16こだから。
カ　理由 三角形の数がカは17こ，キは16こだから。
シ　理由 たての長さは同じ。横の長さはシの方が長いから。
チ　理由 方がんの個数がタは20こ，チは24こだから。

1cm＝ 10 mm　1m＝ 100 cm　1km＝ 1000 m　1m50cm＝ 150 cm

P60
知識技能A
面積

たて×横　1辺×1辺
150 cm²　72 m²　4986 km²
式 5×8=40　答え 40cm²
式 6×6=36　答え 36cm²
式 14×25=350　答え 350cm²
式 20×30=600　答え 600m²　6a
式 2×4=8　答え 8km²
1m²＝ 10000 cm²　1a＝ 100 m²
式 27÷9=3　答え 3cm

P61
思考判断表現A
面積

式 80×120=9600　答え 9600cm²
式 6×6=36　2×2=4　36−4=32　答え 32cm²
式 4×8=32　2×3=6　32−6=26　答え 26cm²

(解答例) 7×5=35　4×2=8　35+8=43　答え 43cm²
考え方 2つの長方形の面積を求めて，合わせる。
(解答例) (5+2)×7=49　3×2=6　49−6=43　答え 43cm²
考え方 大きな長方形の面積から，小さな長方形の面積をひく。

P62
知識技能B
面積

cm²　km²　km²　cm²　m²
式 2×7=14　答え 14cm²
式 12×12=144　答え 144cm²
式 15×18=270　答え 270cm²
1m²＝ 10000 cm²　1a＝ 100 m²　1ha＝ 10000 m²　1km²＝ 1000000 m²
式 20×60=1200　答え 1200m²　12a
式 2×3=6　答え 6km²　600000m²
式 48÷6=8　答え 8cm
式 126÷9=14　答え 14m

P63
思考判断表現B
面積

式 9×9−3×3=72　答え 72cm²
式 12×12−7×5=109　答え 109cm²
式 19−1=18　15−1=14　14×18=252　答え 252m²

10+5=15　15×6=90　90cm²
右図のように分け，小さい長方形を動かして，たて15cm，横6cmの長方形と考えた。
5×6×3=90　90cm²
右図のように分け，たて5cm，横6cmの長方形が３つ分と考えた。
式 10×12=120　5×6=30　120−30=90　答え 90cm²

P64
学習準備
小数のかけ算わり算

34×6＝204　24×35＝840　78×65＝5070　306×75＝22950
96÷4＝24　255÷3＝85　221÷36＝6あまり5　982÷27＝36あまり10

27　270　0.73　8.57
8　60　0.28　0.574
73　2600　0.064　0.07

P65

知識技能 A

小数のかけ算わり算

名前　　月　日

1 1.5×3の計算方法を考えます。0.1の何こ分になるかで考えましょう。
1.5は0.1を 15 こ集めた数です。
1.5×3を0.1をもとにして考えます。
15×3＝ 45
0.1が 45 こ分になるので，
答えは 4.5 です。

2 2.4÷3の計算方法を考えます。0.1の何こ分になるかで考えましょう。
2.4は0.1を 24 こ集めた数です。
2.4÷3を0.1をもとにして考えます。
24÷3＝ 8
0.1が 8 こ分になるので，
答えは 0.8 です。

3 筆算で計算しましょう。
(1) 9.3×6　55.8
(2) 4.6×5　23
(3) 5.32×7　37.24
(4) 2.93×38　111.34

4 わり切れるまで計算しましょう。
(1) 9.5÷5　1.9
(2) 83.6÷22　3.8
(3) 44.2÷13　3.4
(4) 1.5÷6　0.25

5 商は一の位まで求め，あまりも出しましょう。
(1) 17.4÷3　5あまり2.4
(2) 49.9÷12　4あまり1.9

6 商は四捨五入して，$\frac{1}{10}$の位までのがい数で表しましょう。
(1) 38.4÷7　約5.5
(2) 27.7÷34　約0.8

65

P66

思考判断表現 A

小数のかけ算わり算

1 1まいの重さが0.75kgの板が8まいあります。重さは全部で何kgになりますか。
式 0.75×8＝6
答え 6kg

2 同じ量入っているジュースが6本，全部で7.5Lあります。1本のジュースは，何Lですか。
式 7.5÷6＝1.25
答え 1.25L

3 16.8mのリボンから，1本3mのリボンは何本とれますか。また，あまりは何mになりますか。
式 16.8÷3＝5あまり1.8
答え 5本とれて1.8mあまる。

4 3mで16.1kgのパイプがあります。このパイプ1mの重さは何kgですか。商は四捨五入して，$\frac{1}{10}$の位までのがい数で表しましょう。
式 16.1÷3＝5.36
答え 約5.4kg

5 次の計算は正しくできていますか。正しい場合は○を，まちがっている場合は×を（　）に書きましょう。
また，まちがっている場合は正しい答えを □ に書きましょう。
(1) （×） 2.25×16　36
(2) （○） 0.67×89
(3) （×） 6÷4　1.5
(4) （×） 42÷5　8.4

66

P67

知識技能 B

小数のかけ算わり算

1 かけ算を筆算でしましょう。
(1) 17.5×4　70
(2) 8.4×52　436.8
(3) 26.5×79　2093.5
(4) 83.7×60　5022
(5) 0.19×2　0.38
(6) 3.75×8　30
(7) 5.62×53　297.86
(8) 7.85×76　596.6

2 わり算を筆算でしましょう。
(1) 57.6÷6　9.6
(2) 89.6÷28　3.2
(3) 19.2÷24　0.8
(4) 4.86÷18　0.27

3 わり切れるまで計算しましょう。
(1) 9.8÷4　2.45
(2) 0.7÷5　0.14
(3) 39.6÷24　1.65
(4) 4.2÷56　0.075

4 商は一の位まで求め，あまりも出しましょう。また，けん算もしましょう。
(1) 25.1÷4　6あまり1.1　けん算 4×6＋1.1＝25.1
(2) 46.5÷13　3あまり7.5　けん算 13×3＋7.5＝46.5

5 商は$\frac{1}{10}$の位までのがい数で表しましょう。
(1) 1.7÷3　約0.6
(2) 38.1÷9　約4.2
(3) 55.9÷28　約2.0

67

P68

思考判断表現 B

小数のかけ算わり算

1 22.5mのロープがあります。
(1) 5等分すると，1本の長さは何mになりますか。
式 22.5÷5＝4.5
答え 4.5m
(2) 5mずつに切ると，何本できて何mあまりますか。
式 22.5÷5＝4あまり2.5
答え 4本できて2.5mあまる。

2 1周《しゅう》が0.85kmのコースを6周走りました。何km走りましたか。
式 0.85×6＝5.1
答え 5.1km

3 1mの重さが24gの針金があります。この針金88.8gでは，何mありますか。
式 88.8÷24＝3.7
答え 3.7m

4 4.2Lのお茶を9人で分けます。1人分は何Lになりますか。$\frac{1}{10}$の位までのがい数で表しましょう。
式 4.2÷9＝0.46
答え 約0.5L

5 家の花だんは5.2㎡です。公園の花だんは家の4倍あります。公園の花だんは，何㎡ですか。
式 5.2×4＝20.8
答え 20.8㎡

6 下のような3本のリボンがあります。

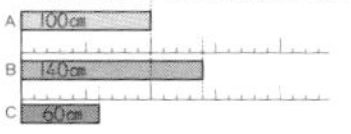

(1) Bの長さは，Aの何倍ですか。
式 140÷100＝1.4
答え 1.4倍
(2) Cの長さは，Aの何倍ですか。
式 60÷100＝0.6
答え 0.6倍

7 次の計算はまちがっています。正しい答えを □ に書きましょう。
(1) 7.5×4　30
(2) 0.16×3　0.48
(3) 0.39÷13　0.03
(4) 37.6÷5　7あまり2.6

68

P69

知識技能 A

資料の整理

1 下の表は，A小学校の1週間のけがの記録《きろく》です。

学年	場所	けがの種類	学年	場所	けがの種類
5	運動場	すりきず	6	運動場	すりきず
4	体育館	打ぼく	2	ろう下	打ぼく
4	教室	切りきず	3	運動場	切りきず
1	運動場	打ぼく	2	体育館	打ぼく
2	運動場	切りきず	4	運動場	切りきず
3	体育館	打ぼく	5	教室	打ぼく
5	ろう下	打ぼく	3	ろう下	すりきず
2	運動場	すりきず	6	運動場	すりきず
3	ろう下	打ぼく	1	教室	打ぼく
4	体育館	すりきず	2	体育館	すりきず

(1) けがをした場所とけがの種類《しゅるい》の2つのことがらを，1つの表にまとめてかきましょう。

けがをした場所と種類（人）

場所＼種類	切りきず	すりきず	打ぼく	合計
運動場	3	4	1	8
体育館	0	2	3	5
教室	1	0	2	3
ろう下	0	1	3	4
合計（人）	4	7	9	20

(2) どこでけがをする人が，いちばん多いですか。　運動場
(3) 何の種類のけがをする人が，いちばん多いですか。　打ぼく
(4) どこで何の種類のけがをする人が，いちばん多いですか。　運動場ですりきず
(5) 教室でけがをしたのは，何人ですか。　3人
(6) ろう下で打ぼくのけがをした人は，何人ですか。　3人

2 下の表はたかこさんの学校の，1ヶ月のけがの記録を，2つのことがらでまとめたものです。表を見て答えましょう。

けがをした体の部分とけがの種類（人）

場所＼種類	切りきず	すりきず	だぼく	合計
足	5	12	10	㋐
手	㋑	3	2	13
うで	5	8	㋒	18
顔	0	2	0	2
合計（人）	18	㋓	17	㋔

(1) ㋐，㋑，㋒，㋓，㋔にあてはまる数を書きましょう。
㋐ 27　㋑ 8　㋒ 5　㋓ 25　㋔ 60
(2) 体のどの部分にけがをした人が，いちばん多いですか。　足
(3) 何の種類のけがをした人が，いちばん多いですか。　すりきず
(4) 体のどの部分に，何の種類のけがをした人が，いちばん多いですか。　足にすりきず
(5) 顔にすりきずをした人は，何人ですか。　2人
(6) たかこさんの学校で1ヶ月にけがをした人は，全部で何人ですか。　60人

69

P70

思考判断表現 A

資料の整理

1 町内会でハイキングがありました。参加《さんか》した人数は，下の通りでした。

子ども 24人　おとな 15人
男　22人　女　17人
そのうち，おとなの男は7人でした。

(1) 下の表に整理します。㋐，㋑，㋒，㋕は何を表した数ですか。

ハイキングに参加した人数（人）

	男	女	合計
子ども	㋐	㋑	24
おとな	7	㋒	㋓
合計	22	㋔	㋕

㋐ 子どもの男の人数
㋑ 子どもの女の人数
㋒ おとなの女の人数
㋕ 参加者全員の人数

(2) ㋐～㋕にあてはまる数を書きましょう。
㋐ 15　㋑ 9　㋒ 8　㋓ 15　㋔ 17　㋕ 39

2 子ども会の参加者全員に，お弁当とくだものの注文をとりました。その結果《けっか》は，下の通りでした。

（お弁当）
おにぎりを注文した人　15人
サンドイッチを注文した人　24人
（くだもの）
みかんを注文した人　25人
りんごを注文した人　14人
そのうち，おにぎりとみかんを注文した人は10人でした。

注文した人の人数（人）

	おにぎり	サンドイッチ	合計
みかん	10	㋐	㋑
りんご	㋒	㋓	14
合計	15	㋔	㋕

(1) ㋐～㋕にあてはまる数を書きましょう。
㋐ 15　㋑ 25　㋒ 5　㋓ 9　㋔ 24　㋕ 39
(2) サンドイッチとみかんを注文した人は，おにぎりとみかんを注文した人の何倍ですか。
式 15÷10＝1.5
答え 1.5倍
(3) おにぎりとりんごを注文した人は，おにぎりとみかんを注文した人の何倍ですか。
式 5÷10＝0.5
答え 0.5倍

70

P71

知識技能 B

資料の整理

1 4年生20人に，犬やねこをかっているかどうか聞きました。

番号	犬	ねこ
1	○	×
2	×	○
3	○	×
4	×	×
5	×	○
6	×	×
7	○	×
8	×	×
9	○	×
10	×	×
11	○	○
12	○	×
13	×	○
14	○	×
15	×	×
16	×	○
17	×	○
18	○	×
19	×	×
20	○	○

(1) 右の調べた結果《けっか》を下の表にまとめましょう。

犬やねこをかっている人調べ（人）

		犬 いる	犬 いない	合計
ねこ	いる	2	5	7
ねこ	いない	7	6	13
合計		9	11	20

(2) 犬だけかっている人は，何人ですか。　7人
(3) 犬もねこもかっている人は，何人ですか。　2人
(4) 犬もねこもかっていない人は，何人ですか。　6人

2 下の表は，みきさんの学校の1年間のけがの記録《きろく》を，2つのことがらでまとめたものです。表を見て答えましょう。

けがをした場所と種類《しゅるい》（人）

場所＼種類	切りきず	すりきず	打ぼく	ねんざ	合計
運動場	5	12	㋐	2	26
体育館	3	15	8	6	㋑
教室	㋒	6	2	0	13
ろう下	4	㋓	7	㋔	22
合計（人）	17	43	24	9	㋕

㋐～㋕にあてはまる数を書きましょう。
㋐ 7　㋑ 32　㋒ 5　㋓ 10　㋔ 1　㋕ 93

3 下の表は，しゅんさんたちが見つけたこん虫の種類と場所をまとめたものです。

見つけたこん虫の種類と場所（ひき）

種類＼場所	校庭	公園	畑	森林	合計
バッタ	2	6	㋐	1	㋑
トンボ	㋒	12	10	㋓	31
チョウ	5	8	㋔	2	32
セミ	4	6	0	㋕	27
合計（人）	17	㋖	41	23	㋗

(1) ㋐～㋗にあてはまる数を書きましょう。
㋐ 14　㋑ 23　㋒ 6　㋓ 3　㋔ 17　㋕ 17　㋖ 32　㋗ 113
(2) いちばん多く見つけた場所は，どこですか。　畑
(3) いちばん多く見つけた種類は，何ですか。　チョウ
(4) トンボは，何ひき見つけられましたか。　31ぴき
(5) 公園で見つけたチョウは，何ひきですか。　8ぴき
(6) 見つけたこん虫は，全部で何ひきですか。　113ぴき

71

P72

思考判断表現 B

資料の整理

1 ピーマンとしいたけの好《す》ききらいを，4年生30人に聞きました。その結果《けっか》，ピーマンが好きな人は10人，しいたけが好きな人は12人，ピーマンとしいたけ両方とも好きではない人は，14人いました。

ピーマンとしいたけの好ききらい調べ（人）

		ピーマン 好き	ピーマン 好きではない	合計
しいたけ	好き	㋐	㋑	12
しいたけ	好きではない	㋒	14	㋓
合計		10	㋔	30

㋐～㋔にあてはまる数を書きましょう。また，何を表している数かを書きましょう。

記号	数	何を表しているか
㋐	6	ピーマンもしいたけも好きな人
㋑	6	しいたけは好きだがピーマンは好きではない人
㋒	4	ピーマンは好きだがしいたけは好きではない人
㋓	18	しいたけが好きではない人
㋔	20	ピーマンが好きではない人

2 4年生52人に，先週と今週のわすれ物調べをしました。今週わすれ物をした人は25人，先週わすれ物をした人は19人，先週も今週もわすれ物をした人は16人いました。

わすれ物調べ（人）

		今週 した	今週 しなかった	合計
先週	した	16	㋐	19
先週	しなかった	㋑	㋒	㋓
合計		25	㋔	㋕

(1) ㋐～㋕にあてはまる数を書きましょう。
㋐ 3　㋑ 9　㋒ 24　㋓ 33　㋔ 27　㋕ 52
(2) ㋐，㋑はそれぞれ何を表していますか。
㋐ 先週はわすれ物をしたが，今週はしなかった人
㋑ 今週はわすれ物をしたが，先週はしなかった人
(3) 先週も今週もわすれ物をしなかった人は，先週も今週もわすれ物をした人の何倍ですか。
式 24÷16＝1.5
答え 1.5倍

72

P73

学習準備

直方体と立方体

1 右の㋐や㋑のような箱について調べます。□ に数や記号を書きましょう。
(1) 面はいくつありますか。　6 面
(2) 辺は何本ですか。　12 本
(3) 頂点は何こですか。　8 こ
(4) 面が正方形だけの箱はどちらですか。　㋑

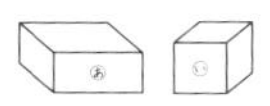

2 ①～③を組み立てると，㋐～㋒のどの箱ができますか。線でつなぎましょう。

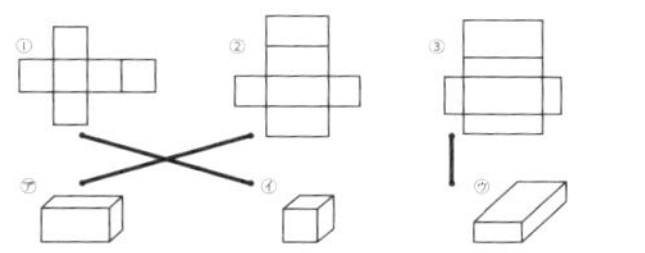

3 下の図のような箱を作るには，どの四角形が何まい必要ですか。

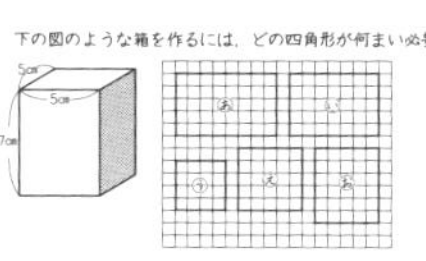

㋑ を 4 まい
㋓ を 2 まい

4 サイコロは，向かい合った面の数を合わせると，7になるように作ってあります。下の図のどこの面に ⚄ をかけばいいでしょうか。図にかきましょう。

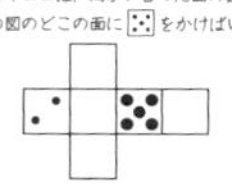

73

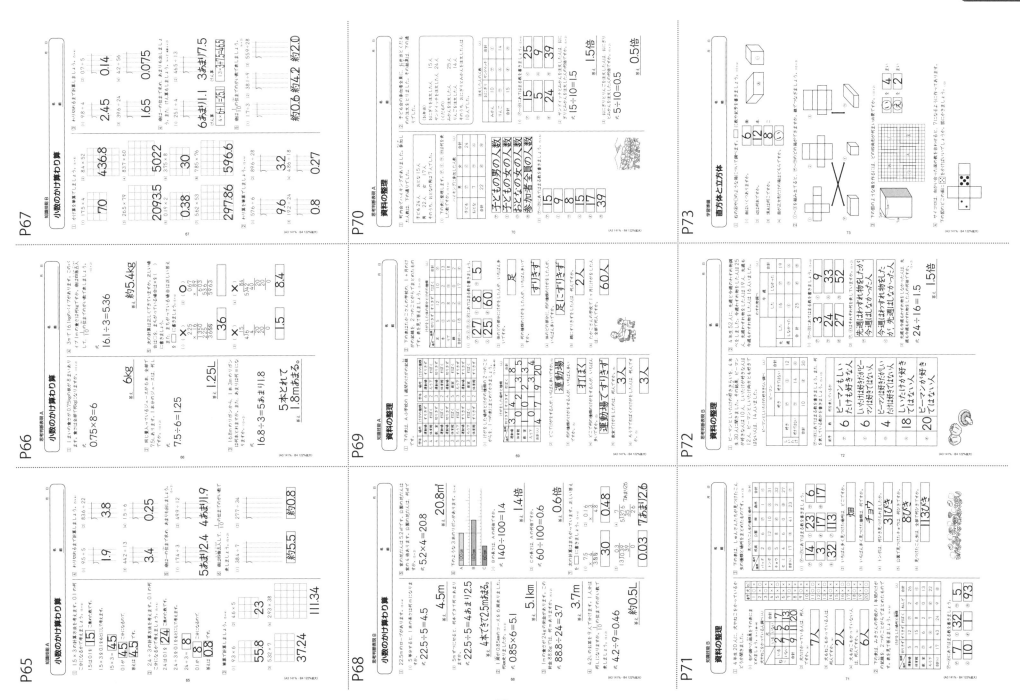

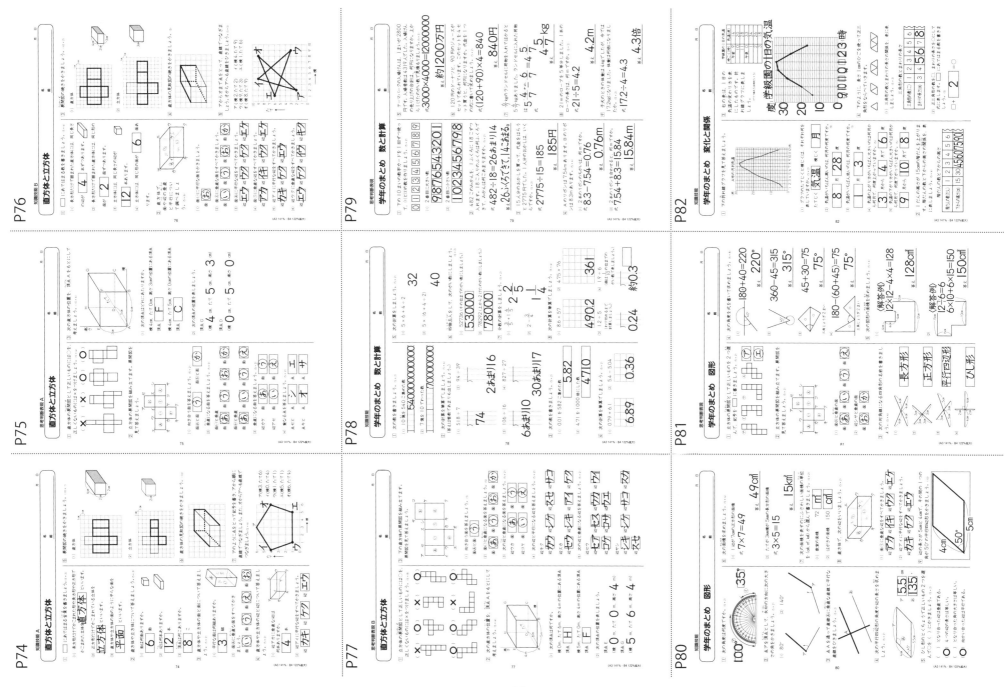

解答

児童に実施させる前に，必ず指導される方が問題を解いてください。本書の解答は，あくまでも１つの例です。指導される方の作られた解答をもとに，本書の解答例を参考に児童の多様な考えに寄り添って○つけをお願いします。

P74

知識技能 A　　月　日

直方体と立方体　　名前

1 □にあてはまる言葉《ことば》を書きましょう。(5×3)

(1) 長方形だけでかこまれた形や,長方形や正方形でかこまれた立体を 直方体 といいます。

(2) 正方形だけでかこまれている立体を 立方体 といいます。

(3) 直方体や立方体の面のように平らな面を 平面 といいます。

2 直方体や立方体について答えましょう。(5×3)

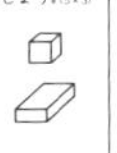

(1) 面は何面ありますか。 6 面

(2) 辺《へん》は何本ありますか。 12 本

(3) 頂点《ちょうてん》は何こありますか。 8 こ

3 直方体や立方体の面と面について答えましょう。(5×2)

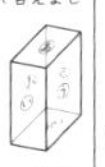

(1) 平行な面は何組ありますか。 3 組

(2) 面あに垂直《すいちょく》な面をすべてかきましょう。 面 い　面 う　面 え　面 お

4 直方体や立方体の辺と辺について答えましょう。(5×2)

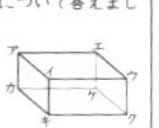

(1) 辺アカに垂直な辺は何本ありますか。 4 本

(2) 辺アイに平行な辺をすべてかきましょう。 辺 カキ　辺 ケク　辺 エウ

5 展開図の続きをかきましょう。(10×2)

(1) 直方体

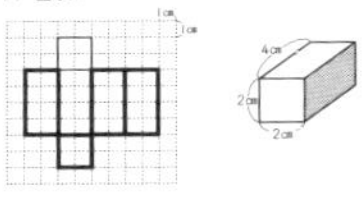

(2) 立方体

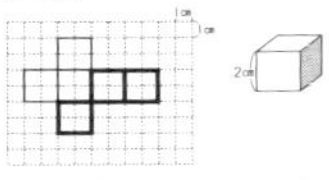

6 直方体の見取図の続きをかきましょう。(10)

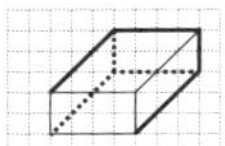

7 アのように点をとって記号を書き，アから順に直線でつなぎましょう。また，オからアへも直線でつなぎましょう。(5×4)

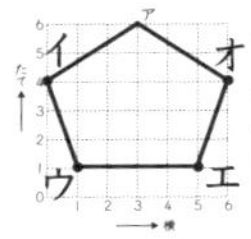

ア(横3，たて6)
イ(横0，たて4)
ウ(横1，たて1)
エ(横5，たて1)
オ(横6，たて4)

74　(A3 141%・B4 122%拡大)

P75

思考判断表現 A　　月　日

直方体と立方体　　名前

1 直方体の展開図《てんかいず》として正しいものには○を，正しくないものには×をつけましょう。(5×4)

(×)　(×)　(○)　(○)

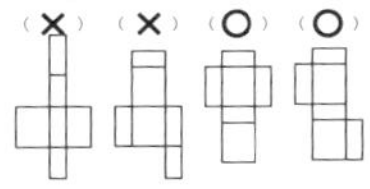

2 立方体の展開図を組み立てます。展開図を見て答えましょう。

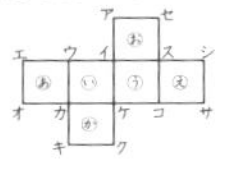

(1) 向き合う面を答えましょう。(5×2)
面あと面 う　　面おと面 か

(2) 垂直《すいちょく》になる面を答えましょう。(5×2)
面いと垂直　面 あ　面 う　面 お　面 か
面かと垂直　面 あ　面 い　面 う　面 え

(3) 垂直になる面を答えましょう。(5×2)
辺カケ　面 あ　面 う
辺アセ　面 い　面 え

(4) 重なる点を答えましょう。(5×2)
点セと　点 シ　点 エ
点キと　点 オ　点 サ

3 次の直方体の位置を，頂点《ちょうてん》Aをもとにして考えましょう。(10×4)

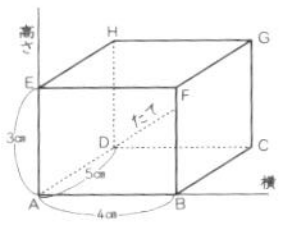

(1) 次の頂点はどれにあたりますか。
横4cm，たて0cm，高さ3cmの位置にある頂点　頂点 F
横4cm，たて5cm，高さ0cmの位置にある頂点　頂点 C

(2) 次の頂点の位置を表しましょう。
頂点G
(横 4 cm，たて 5 cm，高さ 3 cm)
頂点D
(横 0 cm，たて 5 cm，高さ 0 cm)

75　(A3 141%・B4 122%拡大)

P76

知識技能 B　　月　日

直方体と立方体　　名前

1 □にあてはまる数を書きましょう。(5×4)

(1) 長方形だけで囲まれた直方体には，同じ長さの辺が 4 本ずつあります。

(2) 長方形だけで囲まれた直方体には，同じ形の面が 2 面ずつあります。

(3) 立方体には，同じ長さの辺が 12 本あります。

(4) 立方体には，同じ形の面が 6 面あります。

2 直方体で面や辺《へん》の垂直《すいちょく》と平行について調べましょう。(5×6)

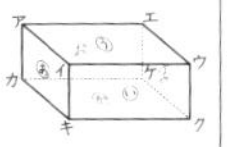

(1) 面いに平行な面をかきましょう。
面 お

(2) 面えに垂直な面をすべてかきましょう。
面 い　面 う　面 お　面 か

(3) 面あに平行な辺をすべてかきましょう。
辺 エウ　辺 ウク　辺 ケク　辺 エケ

(4) 面うに垂直な辺をすべてかきましょう。
辺 アカ　辺 イキ　辺 ウク　辺 エケ

(5) 辺アイに平行な辺をすべてかきましょう。
辺 カキ　辺 ケク　辺 エウ

(6) 辺ウクに垂直な辺をすべてかきましょう。
辺 エウ　辺 ケク　辺 イウ　辺 キク

3 展開図《てんかいず》の続きをかきましょう。(10×2)

(1) 直方体

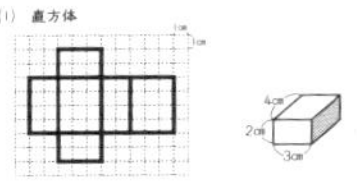

(2) 立方体

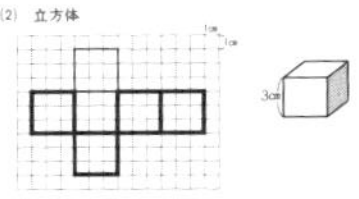

4 直方体の見取図の続きをかきましょう。(5)

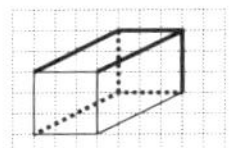

5 アからオまで点をとって，直線でつなぎましょう。オからアへも直線をひきましょう。(5×5)

ア(横2，たて2)　イ(横4，たて9)
ウ(横9，たて3)　エ(横1，たて6)
オ(横8，たて9)

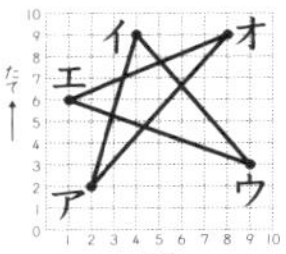

76　(A3 141%・B4 122%拡大)

P77

思考判断表現 B　　月　日

直方体と立方体　　名前

1 立方体の展開図《てんかいず》として正しいものには○を，正しくないものには×をつけましょう。(5×8)

(×)　(○)　(×)　(○)
(○)　(○)　(×)　(○)

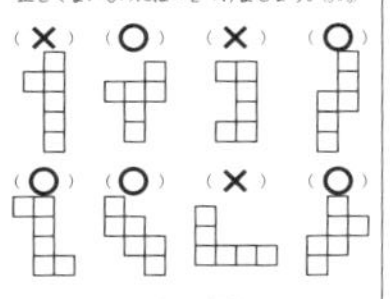

2 次の直方体の位置《いち》を，頂点《ちょうてん》Aをもとにして考えましょう。(5×4)

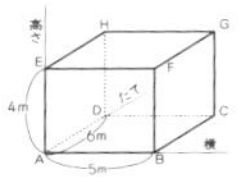

(1) 次の頂点は何ですか。
横0m，たて6m，高さ4mの位置にある頂点　頂点 H
横5m，たて0m，高さ4mの位置にある頂点　頂点 F

(2) 次の頂点の位置を表しましょう。
頂点E
(横 0 m，たて 0 m，高さ 4 m)
頂点G
(横 5 m，たて 6 m，高さ 4 m)

3 下の直方体の展開図を組み立てます。展開図を見て答えましょう。

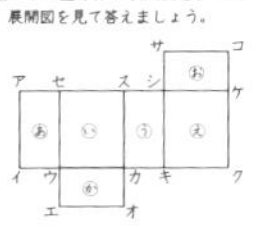

(1) 向き合う面を答えましょう。(5)
面あと面 う

(2) 面いと垂直《すいちょく》になる面を答えましょう。(5)
面 あ　面 う　面 お　面 か

(3) 次の辺《へん》と垂直になる面を答えましょう。(5×2)
辺ウカ　面 あ　面 う
辺コケ　面 い　面 え

(4) 次の辺と平行になる辺を答えましょう。(5×2)
辺キク
辺 カウ　辺 シケ　辺 スセ　辺 サコ
辺スカ
辺 セウ　辺 シキ　辺 アイ　辺 ケク

(5) 次の辺と垂直になる辺を答えましょう。(5×2)
辺セウ
辺 セア　辺 セス　辺 ウカ　辺 ウイ
辺 コケ　辺 コサ　辺 ウエ
辺サシ
辺 シキ　辺 シケ　辺 サコ　辺 スカ
辺 スセ

77　(A3 141%・B4 122%拡大)

P78

知識技能　　月　日

学年のまとめ　数と計算　　名前

1 次の数を書きましょう。(5×2)

(1) 10億《おく》を540こ集めた数
540000000000

(2) 7億を10でわった数
70000000

2 次の計算を筆算でしましょう。(5×4)
(答えは整数であまりも出しましょう。)

(1) 518÷7　　74
(2) 94÷39　　2あまり16
(3) 106÷16　　6あまり10
(4) 827÷27　　30あまり17

3 次の数を書きましょう。(5×2)

(1) 0.01を582こ集めた数　5.82
(2) 4.71を1000倍にした数　4710

4 次の計算を筆算でしましょう。(5×2)

(1) 0.79＋6.1　　6.89
(2) 5.4－5.04　　0.36

5 次の計算をしましょう。(5×2)

(1) 5×6＋4÷2　　32
(2) 5×(6＋4÷2)　　40

6 四捨五入《ししゃごにゅう》をして，次のがい数にしましょう。(5×2)

(1) 52736(千の位までのがい数にしましょう。)
53000

(2) 78292(上から2けたのがい数にしましょう。)
78000

7 分数の計算をしましょう。(5×2)

(1) $\frac{3}{5}+1\frac{4}{5}$　　$2\frac{2}{5}$
(2) $2-\frac{3}{4}$　　$1\frac{1}{4}$

8 次の計算を筆算でしましょう。(5×4)

(1) 8.6×57　　490.2
(2) 4.75×76　　361
(3) 1.2÷5
(わり切れるまで計算しましょう。)
0.24
(4) 1.9÷6
(商は$\frac{1}{10}$の位までのがい数で表しましょう。)
約0.3

78　(A3 141%・B4 122%拡大)

P79

思考判断表現　　月　日

学年のまとめ　数と計算　　名前

1 下の10まいの数字カードを1回ずつ使って，(1)と(2)の数を作りましょう。(5×2)

0 1 2 3 4 5 6 7 8 9

(1) 2番目に大きい数
9876543201

(2) 2番目に小さい数
1023456798

2 482このみかんを，1ふくろに18こずつ入れます。18こ入りのふくろは何ふくろできて，みかんは何こあまりますか。(5×2)

式 482÷18＝26あまり14
答え 26ふくろできて，14こあまる。

3 15人分のおかしを買って，代金をはらうと2775円でした。1人分のおかしは，いくらですか。(5×2)

式 2775÷15＝185
答え 185円

4 Aのリボンは7.54mあります。Bのリボンは8.3mあります。(5×4)

(1) 2本のリボンのちがいは，何mですか。
式 8.3－7.54＝0.76
答え 0.76m

(2) 2本のリボンを合わせると，何mですか。
式 7.54＋8.3＝15.84
答え 15.84m

5 テーマパークの入場けんは，1まいが2800円です。入場者数は4319人でした。入場けんの売り上げの合計は，何円になりますか。上から1けたのがい数で見積《みつ》もりましょう。(5×2)

式 3000×4000＝12000000
答え 約1200万円

6 120円のドーナツと，90円のジュースがセットで売られています。このセットを4セット買うと，何円になりますか。代金を1つの式に書いて求《もと》めましょう。(5×2)

式 (120＋90)×4＝840
答え 840円

7 $\frac{6}{7}$kgのランドセルに荷物を入れてはかると$5\frac{4}{7}$kgありました。ランドセルに入れた荷物は

式 $5\frac{4}{7}-\frac{6}{7}=4\frac{5}{7}$
答え $4\frac{5}{7}$kg

8 21mのロープを5等分しました。1本のロープの長さは，何mですか。(5×2)

式 21÷5＝4.2
答え 4.2m

9 子犬のときの体重は4kgでしたが，今では17.2kgになりました。体重は何倍になりましたか。(5×2)

式 17.2÷4＝4.3
答え 4.3倍

79　(A3 141%・B4 122%拡大)

P80

知識技能　　月　日

学年のまとめ　図形　　名前

1 次の角度は何度ですか。(5×2)

ア 100°　　イ 35°

2 点アを頂点《ちょうてん》として，矢印《やじるし》の方向に次の大きさの角をかきましょう。(5×2)

(1) 80°　　(2) 140°

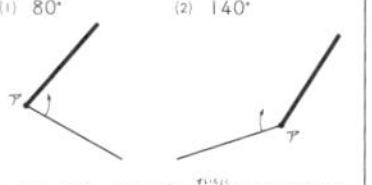

3 点Aを通って直線あに垂直《すいちょく》な直線と平行な直線をひきましょう。(5×2)

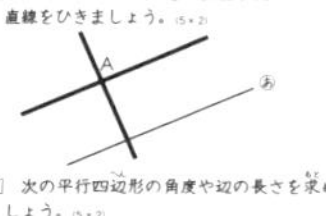

4 次の平行四辺《へん》形の角度や辺の長さを求《もと》めましょう。(5×2)

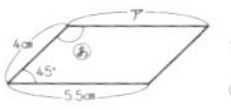

ア 5.5 cm
あ 135 °

5 ひし形のとくちょうで正しいもの2つを選んで○を( )にかきましょう。(5×2)

(　) となり合った辺は垂直である。
(○) 4つの辺の長さは等しい。
(　) となり合った角の大きさは等しい。
(○) 向かい合った辺は平行である。

6 次の面積《めんせき》を求めましょう。(5×4)

(1) 1辺が7cmの正方形の面積
式 7×7＝49
答え 49cm²

(2) たてが3km横が5kmの長方形の面積
式 3×5＝15
答え 15km²

7 次の面積を表すのにふさわしい面積の単位《たんい》を(cm², m², km²)から選《えら》んで書きましょう。(5×2)

(1) 教室の面積　72 m²
(2) はがきの面積　150 cm²

8 直方体で，次の辺をいいましょう。(5×2)

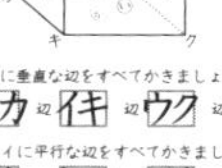

(1) 面うに垂直な辺をすべてかきましょう。
辺 アカ　辺 イキ　辺 ウク　辺 エケ

(2) 辺アイに平行な辺をすべてかきましょう。
辺 カキ　辺 ケク　辺 エウ

9 辺の長さが5cmと4cmで，その間の1つの角が50°の平行四辺形をかきましょう。(10)

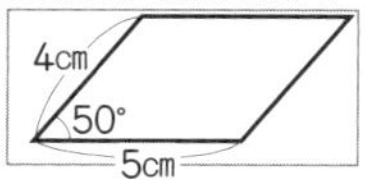

80　(A3 141%・B4 122%拡大)

P81

思考判断表現　　月　日

学年のまとめ　図形　　名前

1 立方体の展開図《てんかいず》として正しいものを2つ選《えら》んで，記号を□に書きましょう。(5×2)

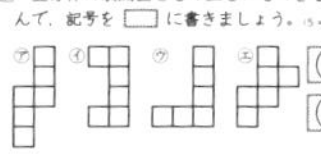

ア　エ

2 立方体の展開図を組み立てます。展開図を見て答えましょう。(5×2)

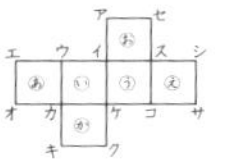

(1) 面おと垂直《すいちょく》の面
面 あ　面 い　面 う　面 え

(2) 辺シサと垂直の面
面 お　面 か

3 次の対角線になる四角形の名前を書きましょう。(5×4)

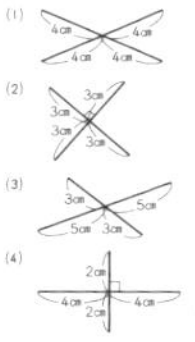

(1) 長方形
(2) 正方形
(3) 平行四辺形
(4) ひし形

4 次の角度を式を書いて求めましょう。(5×8)

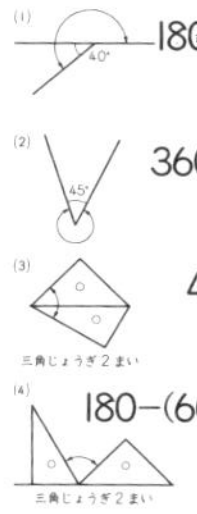

(1) 180＋40＝220
答え 220°

(2) 360－45＝315
答え 315°

(3) 45＋30＝75
答え 75°

(4) 180－(60＋45)＝75
答え 75°

5 次の図形の面積《めんせき》を求《もと》めましょう。(5×4)

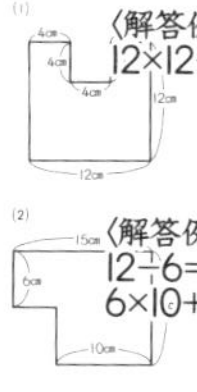

(1)〈解答例〉
12×12－4×4＝128
答え 128cm²

(2)〈解答例〉
12－6＝6
6×10＋6×15＝150
答え 150cm²

81　(A3 141%・B4 122%拡大)

P82

知識技能　　月　日

学年のまとめ　変化と関係　　名前

1 下の折《お》れ線グラフを見て答えましょう。

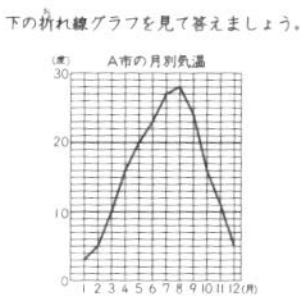

(1) グラフのたてじくと横じくは，それぞれ何を表していますか。(5×2)
たてじく 気温　横じく 月

(2) 気温がいちばん高いのは，何月の何度ですか。(5)
8 月 28 度

(3) 気温がいちばん低いのは，何月の何度ですか。(5)
1 月 3 度

(4) 気温の上がり方がいちばん大きいのは何月から何月で，何度上がっていますか。(5)
3 月から 4 月で 6 度

(5) 気温の下がり方がいちばん大きいのは何月から何月で，何度下がっていますか。(5)
9 月から 10 月で 8 度

2 1だんの高さが15cmの階だんを上がります。階だんの数と下からの高さの関係を，表に表しましょう。(5×4)

階だんの数と下からの高さ

階だんの数(だん)	1	2	3	4	5	6
下からの高さ(cm)	15	30	45	60	75	90

3 右の表は，1日の気温の変《か》わり方を表にしたものです。折れ線グラフに表しましょう。(グラフ構成5各時刻5×5)

学級園の1日の気温

時こく(時)		気温(度)
午前	9	14
	10	20
	11	28
午後	0	33
	1	34
	2	26
	3	18

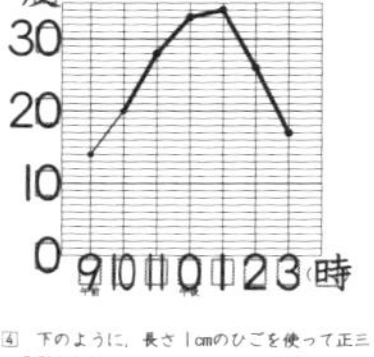

4 下のように，長さ1cmのひごを使って正三角形をならべていきます。

(1) 三角形の数とまわりの長さの関係を，表に表しましょう。(5×3)

三角形の数とまわりの長さ

三角形の数(こ)	1	2	3	4	5	6
まわりの長さ(cm)	3	4	5	6	7	8

(2) 正三角形の数を□，まわりの長さを○にして式に表します。□にあてはまる数を書きましょう。(5)

□＋ 2 ＝○

82　(A3 141%・B4 122%拡大)

P83

思考判断表現

学年のまとめ　変化と関係

名前　　　月　日

1　１辺が１cmの正三角形でピラミッドの形を作っていきます。

(1) だんの数とまわりの長さの関係《かんけい》を，表に表しましょう。(5×4)

だんの数とまわりの長さ

だんの数(だん)	1	2	3	4	5	6
まわりの長さ(cm)	3	6	9	12	15	18

(2) だんの数を□，まわりの長さを○にして式に表します。□にあてはまる数を書きましょう。(5)

3 ×□=○

(3) 8だんになったときのまわりの長さは，何cmですか。(5×2)

式 $8\times3=24$

答え 24cm

(4) まわりの長さが30cmになるのは，何だんのときですか。(5×2)

式 $30\div3=10$

答え 10だん

2　37この荷物を１こずつ運びます。運んだ数と残《のこ》っている数を調べましょう。

(1) 運んだ数と残っている数の関係を，表に表しましょう。(5×2)

運んだ数と残っている数

運んだ数(こ)	1	2	3	4	5	6
残っている数(こ)	36	35	34	33	32	31

(2) 運んだ数を□，残っている数を○にして式に表します。□にあてはまる数を書きましょう。(5)

37 −□=○

3　大阪《おおさか》（日本）とウェリントン（ニュージーランド）の１年間の気温を折《お》れ線グラフにしました。

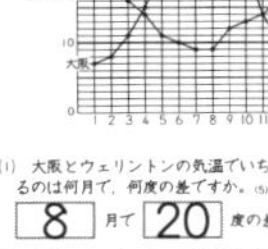

(1) 大阪とウェリントンの気温でいちばん差があるのは何月で，何度の差ですか。(5)

8 月で 20 度の差

(2) 大阪とウェリントンで気温が同じなのは　何月で何度ですか。(5)

11 月で 14 度

(3) 大阪とウェリントンで気温の上がり方がいちばん大きいのは，それぞれ何月から何月で，何度上がっていますか。(10×2)

大阪 4 月から 5 月で 6 度

ウェリントン 8 月から 9 月で 3 度

(4) それぞれの都市でいちばん気温の高い月といちばん低い月との差は，何度ですか。(5×2)

大阪 22 度　ウェリントン 9 度

83

(A3 141%・B4 122%拡大)

P84

知識技能

学年のまとめ　データの活用

名前　　　月　日

1　下のグラフ用紙に必要《ひつよう》なめもりを記入して，ももかさんの身長の変《か》わり方を折《お》れ線グラフに表しましょう。また，下の問いに答えましょう。

ももかさんの身長

年れい(才)	身長(cm)
6	116
7	122
8	127
9	134
10	143

(グラフ構成 10　各単線 5×5)

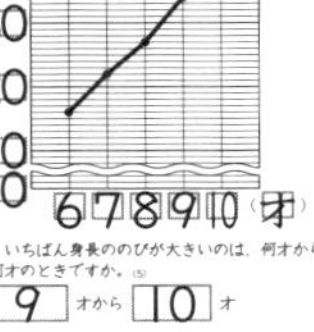

(1) いちばん身長ののびが大きいのは，何才から何才のときですか。(5)

9 才から 10 才

(2) グラフ用紙にある〰〰は，何のために使われていますか。(5)

たてじくのめもりのと中を省いている。

(3) 〰〰があると，どんな良さがありますか。(10)

変わり方がよく分かる。

2　下の表は，学校の１年間のけがの記録《きろく》を２つのことがらでまとめたものです。表を見て答えましょう。

けがをした場所とけがの種類《しゅるい》　(人)

場所＼種類	切りきず	すりきず	打ぼく	ねんざ	合計
運動場	7	12	㋐	2	31
体育館	3	13	8	6	㋑
教室	㋒	6	2	0	15
ろう下	2	9	7	1	19
合計	19	40	27	㋓	㋔

(1) ㋐〜㋔にあてはまる数と，何を表しているのかを書きましょう。(5×5)

㋐ 10 運動場で打ぼくのけがをした人数

㋑ 30 体育館でけがをした人数

㋒ 7 教室で切りきずをした人数

㋓ 9 ねんざをした人数

㋔ 95 1年間でけがをした合計の人数

(2) どこでけがをした人が，いちばん多いですか。(5)

運動場

(3) どんなけがをした人が，いちばん多いですか。(5)

すりきず

(4) どこでどんなけがをした人が，いちばん多いですか。(10)

体育館ですりきずをした人

84

(A3 141%・B4 122%拡大)

P85

思考判断表現

学年のまとめ　データの活用

名前　　　月　日

1　下のア〜カは，ぼうグラフと折《お》れ線グラフのどちらで表すとよいですか。ぼうグラフには「ぼ」，折れ線グラフには「お」を□に書きましょう。(5×5)

ア ぼ　1年生から6年生までの本をかりた数

イ お　午前9時から午後4時までの教室の気温

ウ お　ある市の10年間のゴミの量の移《うつ》り変《か》わり

エ ぼ　学校の前を通る自動車の種類《しゅるい》と台数

オ お　かぜをひいたときの2時間おきの体温

2　①〜⑤の折れ線グラフは，気温の変わり方を表《あらわ》しています。(　)に合う記号を下から選《えら》んで書きましょう。(5×5)

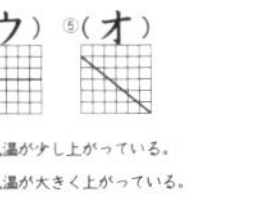

ア　気温が少し上がっている。

イ　気温が大きく上がっている。

ウ　気温が変わらない。

エ　気温が少し下がっている。

オ　気温が大きく下がっている。

3　4年生30人に，土曜日，日曜日に読書をしたかどうか調《しら》べて，結果《けっか》を下の表にまとめました。

土曜日曜の読書調べ　(人)

		土曜日 した	土曜日 しなかった	合計
日曜日	した	㋐	㋑	18
日曜日	しなかった	㋒	9	㋓
合計		16	㋔	30

(1) ㋐〜㋔にあてはまる数を書きましょう。(5×5)

㋐ 13　㋑ 5

㋒ 3　㋓ 12

㋔ 14

(2) ㋐〜㋔は，それぞれ何を表している数ですか。(5×5)

㋐ 土曜日も日曜日も読書をした人数

㋑ 日曜日には読書をしたが，土曜日にはしなかった人数

㋒ 土曜日には読書をしたが，日曜日にはしなかった人数

㋓ 日曜日に読書をしなかった人数

㋔ 土曜日に読書をしなかった人数

85

(A3 141%・B4 122%拡大)

コピーしてすぐ使える　観点別で評価ができる
教科書算数テストプリント　４年

2021年7月1日　　第1刷発行

著　　　者：新川　雄也
企画・編集：原田　善造（他８名）

発行者：　岸本 なおこ
発行所：　喜楽研（わかる喜び学ぶ楽しさを創造する教育研究所）
〒604-0827　京都府京都市中京区高倉通二条下ル瓦町 543-1
TEL　075-213-7701　FAX　075-213-7706
HP　https://www.kirakuken.co.jp/
印　刷：　創栄図書印刷株式会社

ISBN：978-4-86277-338-8

Printed in Japan